Elisabeth Fischer

Basenfasten im Glas

STYRIA
BUCHVERLAGE

Wien – Graz – Klagenfurt
© 2018 by Kneipp Verlag
in der Verlagsgruppe Styria GmbH & Co KG
Alle Rechte vorbehalten.
ISBN 978-3-7088-0728-7

Bücher aus der Verlagsgruppe Styria gibt es
in jeder Buchhandlung und im Online-Shop
www.styriabooks.at

Fotos:
Peter Barci: Foodfotografie; Fotolia: Cover (sonyakamoz,
stock.adobe.com); Reinhard Haberfellner: Autorenporträt
Zutatenfotos:
Peter Barci (6); dreamstime (3); Elisabeth Fischer (5); fotolia (29);
iStockphoto.com (86); Martin Stickler (3); Simon Vollmeyer (2);
Kurt-Michael Westermann (4); www.gampergemuese.ch (1)
Konzept & Text: Elisabeth Fischer
Covergestaltung: Oskar Kubinecz
Buchgestaltung: Oskar Kubinecz
Lektorat: Motto Verlagsservice, Wien

Druck und Bindung: DZS
Printed in the EU
7 6 5 4 3 2 1

Elisabeth Fischer

Basenfasten im Glas

5 Zutaten
5 Tage
55 Rezepte

KNEIPP
VERLAG WIEN

Vorwort

Einleitung

Rezeptteil

Kartoffelsalat mit marinierten Ofentomaten, Rezept Seite 61

Nimm 5 – so einfach war Basenfasten noch nie

Sie sind unzufrieden mit Ihrem Gewicht, fühlen sich müde und ausgelaugt, es plagen Sie häufig Kopfschmerzen, und die Haut könnte auch frischer aussehen. Kommt Ihnen das bekannt vor? Sollten Sie noch dazu auch jeden Schnupfen einfangen, so kann der Grund für dieses Leben auf Sparflamme eine latente Übersäuerung sein, ausgelöst durch zu viel Fleisch, fette Milch- und Fertigprodukte, Süßigkeiten, Fastfood und Softdrinks.

Gegen ein solches Beschwerdemuster bringt das Basenfasten rasche Hilfe. Mit der bewährten Methode werden Sie nicht nur Ihr Hüftgold los, sondern Sie gewinnen auch neue Kräfte. Diese Erfahrung machten auch zahlreiche Leserinnen und Leser, die mit meinen Gerichten abgenommen und sich dabei sehr wohlgefühlt haben. Was mich besonders freut: Meine Rezepte für genussvolles Abnehmen kommen so gut an, dass sie auch nach dem Basenfasten regelmäßig auf den Tisch gebracht werden – die beste Methode, um dauerhaft schlank zu bleiben.

Ich bin für die Mails meiner Leserinnen und Leser sehr dankbar, denn ich lerne viel daraus. So war zuletzt der allgemeine Wunsch nach sehr schnell zubereiteten Rezepten vorrangig. Das Bedürfnis, den Alltag einfacher zu gestalten, aber trotzdem nicht auf Genuss verzichten zu müssen, hat mich auf die Idee für mein neues Basenfastenbuch gebracht: Rezepte mit nur fünf Zutaten.

Die Arbeit an diesem Buch hat auch meinen Kochalltag verändert. Unter der Woche steht das Essen jetzt noch schneller auf dem Tisch. Das spart nicht nur Zeit und Arbeit, sondern weckt bei mir die Lust, am Wochenende richtig ausgiebig zu kochen – auch das passt zum neuen Buch mit dem 5-Tage-Basenfasten-Programm.

Guten Appetit!
Herzlichst

Elisabeth Fischer

Balance halten – um jeden Preis

Wir sehen ihn nicht, wir fühlen ihn nicht – trotzdem beeinflusst der Säure-Basen-Haushalt unser Wohlbefinden und unsere Gesundheit. Gerät er aus der Balance, so schwächt das auch die Knochen und das Bindegewebe.

Unser Organismus braucht stabile Verhältnisse

Ob wir hellwach sind oder tief schlafen, in unserem Körper laufen billionenfache Stoffwechselvorgänge gleichzeitig ab. Damit das Wunder Mensch reibungslos funktionieren kann, brauchen wir ein konstantes Verhältnis von Säuren und Basen im Blut. Gemessen wird dieses mit dem pH-Wert. Für das Blut liegt der ph-Wert im basischen Bereich und schwankt nur minimal zwischen pH 7,36 und pH 7,44.
Die Natur hat es gut eingerichtet. Normalerweise sorgen die Regulationssysteme von Leber, Nieren und Lunge unterstützt von den Puffersystemen des Blutes und des Bindegewebes dafür, dass der ph-Wert in diesen engen Grenzen bleibt. Darum treten Azidosen und Alkalosen, Entgleisungen des ph-Werts in den sauren oder basischen Bereich, nur als Folge schwerster Krankheiten auf.

Lebensstil bedroht Gleichgewicht

Unser Organismus und unser moderner Lebensstil passen oft nicht zusammen. Einseitige eiweißreiche Ernährung, Diäten und Bewegungsmangel verursachen einen riesigen Säureüberschuss im Blut. Die Regulationsmechanismen allein können diesen nicht mehr ausgleichen. Als »latente Übersäuerung« bezeichnet die Wissenschaft diesen Zustand. Um das Überleben zu sichern, muss der Körper die Notbremse ziehen. Da die Natur es schlau eingerichtet hat, gelingt das auch immer. Aber die Rettung hat einen hohen Preis.

Notprogramm mit Folgen

Latente Übersäuerung bringt morsche Knochen. Um überschüssige Säuren zu neutralisieren, werden Mineralstoffe aus den Knochen gelöst, vor allem Kalium, Kalzium und Magnesium. Hält dieser Zustand länger an, werden die Knochen brüchig, und es droht Osteoporose. Bereits jede dritte Frau und jeder fünfte Mann weltweit leiden an dem gefürchteten Knochenschwund.
Wird die latente Übersäuerung zum Dauerzustand, belastet das auch die Nieren, es kommt zu Schmerzen in den Gelenken, und die Funktionsfähigkeit des Bindegewebes wird beeinträchtigt. Cellulite ist nur ein sichtbares Zeichen dafür. Die unsichtbaren Auswirkungen können jedoch die Gesundheit gefährden. Das Bindegewebe wird weniger durchlässig für den Transport von Nähr- und Baustoffen zu den Zellen. Gleichzeitig können neu gebildete Hormone und Abfallprodukte weniger zügig aus den Zellen ins Blut gelangen.

Basenfasten stoppt die Übersäuerung

Der Weg in die Säure-Basen-Balance ist einfach und genussvoll.
Die Zutaten dafür gibt es in jedem Supermarkt.

Die Retter der Säure-Basen-Balance

Ich bin immer wieder begeistert, wie leicht es ist, die latente Übersäuerung zu stoppen. Weder kompliziertes Wissen noch teure Zutaten sind dafür erforderlich. Den Ausgleich bringen Gemüse, Früchte, Kräuter und Kartoffeln – so einfach ist das! Denn Gemüse, Früchte, Kräuter und Kartoffeln versorgen uns mit viel Kalzium, Magnesium, Kalium, Kupfer, Eisen und Natrium. Diese organisch gebundenen Mineralstoffe bewirken, dass überschüssige Säuren abgebaut und entsorgt werden.
Gemüse, Früchte, Kräuter und Kartoffeln sind auch Toplieferanten für Vitamine und leisten darum noch einen zweiten entscheidenden Beitrag zur Säure-Basen-Balance. Vitamine wirken am Aufbau von Enzymen mit, welche verbrauchte Basen wieder fit für den Abbau überschüssiger Säuren machen.

Basenfasten ist wie ein Frühjahrsputz im Organismus

Das Essen beim Basenfasten besteht zu 95 Prozent aus Gemüse, Früchten, Kräutern und Kartoffeln. Die Nährstoffe daraus werden in der Leber abgebaut und in körpergerechte Bausteine und Energielieferanten zerlegt. Dabei entsteht ein gewaltiges Basenplus, und überschüssige Säuren im Blut werden neutralisiert. Für den gestressten Organismus bedeutet das eine große Entlastung, so sind z.B. die Knochen vor verstärktem Abbau geschützt, und der Druck auf das Bindegewebe sinkt. Spürbar sind die positiven Auswirkungen des Basenfastens schon nach kurzer Zeit: »Ich fühle mich frisch, meine Energie ist wieder da. Keine Kopfschmerzen mehr. Ich schlafe besser. Die Schmerzen in den Gelenken sind weg, Endlich funktioniert die Verdauung. Mein Blutdruck ist gesunken.« So beschreiben Teilnehmer am Basenfastenprogramm ihre Erfahrungen.

Gesundheit profitiert und Fettverbrennung steigt

Die Natur meint es gut mit uns. Gemüse, Kräuter, Früchte und Kartoffeln bringen nicht nur den Säure-Basen-Haushalt ins Gleichgewicht, mit ihren Mineralstoffen, Vitaminen und sekundären Pflanzenstoffen stärken sie auch die Immunkräfte, schützen vor gefährlichen Freien Radikale, lassen Cholesterinspiegel und Blutdruck sinken, fördern sanft die Verdauung und sind Balsam für die Nerven.
Auch der Fettabbau wird verstärkt. Vitamin C – und davon gibt es beim Basenfasten reichlich – steigert die Bildung der Fett abbauenden Hormone, des Noradrenalins und des Wachstumshormons. Das basische pflanzliche Essen wird so zum Komplettprogramm für Gesundheit, Wohlbefinden und Schlankheit.

Schönheit geht durch den Magen

Basenfasten erfrischt die Haut. Sie kann mehr Flüssigkeit einlagern, wird besser mit aufbauenden Nährstoffen versorgt und kann neue Zellen bilden. Das macht die Haut straffer und widerstandsfähiger gegen schädigende Umwelteinflüsse.

Das einfachste Basenfasten der Welt

5 Zutaten, in wenigen Minuten zubereitet, die neuen Fastenrezepte sind zum Mitnehmen geeignet und überzeugen durch frischen, feinen Geschmack.

Abnehmen leicht gemacht

Viele haben große Sehnsucht danach, den Alltag unkomplizierter zu gestalten und Ballast abzuwerfen. Auch das Abnehmen soll keinen großen Aufwand erfordern und uns entlasten, nicht nur von den überflüssigen Kilos. »5 Zutaten für ein Rezept« entspricht diesem Bedürfnis nach der Leichtigkeit des Seins und der Konzentration auf das Wesentliche.

Als ich über dieses Buch nachgedacht habe, war ich mir nicht sicher, ob »Nimm 5« für das Basenfasten funktionieren würde. Auf keinen Fall sollte der Genuss durch diese Einschränkung leiden. Aber bei der Entwicklung der Rezepte konnte ich feststellen – und meine Testesser haben es auch bestätigt –, dass basische Gerichte mit nur fünf Zutaten sehr schmackhaft sind.

Salate und Suppen to go

Ich weiß, wie anstrengend es werden kann, wenn man die Absicht hat abzunehmen, aber viel unterwegs ist oder einfach am Arbeitsplatz keine Möglichkeit hat, entsprechende Mahlzeiten einzunehmen. Denn was oft in Kantinen, Restaurants und Fastfood-Ketten angeboten wird, macht eher dick als schlank. Die Lösung ist, das Essen von zu Hause mitzunehmen. Besonders gut geeignet für ein »Abnehmen to go« sind Salate und Suppen. Beide lassen sich gut vorbereiten, praktischerweise schon am Vorabend. Wer am Arbeitsplatz keine Möglichkeit hat, seine Suppe aufzuwärmen, nimmt diese sättigende Fastenspeise einfach in einem Warmhaltebehälter mit. Salate sind Leibspeisen und ideal für das Take-away aus der eigenen Küche. Auch kalte, fruchtige Süßspeisen, gut verpackt in Gläsern, eignen sich für den täglichen Reiseproviant. Manche Menschen wollen oder können nicht zu Hause frühstücken. Darum sind auch die Frühstücksrezepte transportfähig und werden in der Pause am Vormittag verzehrt.

Wenige Zutaten, viel Geschmack

Gemüse, Kräuter, Früchte und Beeren spielen eine Hauptrolle beim Basenfasten. Die wunderbaren Pflänzchen wirken gleich doppelt und dreifach. Sie stoppen die Übersäuerung, fördern die Gesundheit und sind dazu verantwortlich für den guten Geschmack der basischen Speisen. Zu verdanken ist dieser den Aromastoffen, die in beträchtlichen Mengen in Gemüse, Kräutern und Früchten enthalten sind. Ich war beim Probekochen immer wieder überrascht, wie harmonisch rund z. B. eine ganze schlichte Brokkoli-Lauch-Suppe (S. 106) schmeckt. Bei diesen Rezepten hatte ich kein Bedürfnis, schnell noch ins Gewürzregal zuzugreifen. Gemüse pur, der reine Geschmack hat überzeugt.

5 Tage Basenfasten – das Programm

Dreimal am Tag essen, satt werden und das alles mit nur 900 Kalorien. Ein alltagstaugliches Programm, das sich auch während der Arbeitswoche durchführen lässt.

Beim Basenfasten müssen Sie nicht hungern

Eigentlich ist der Begriff »Fasten« irreführend für diese Fünf-Tage-Kur. Weitestgehend verzichtet wird dabei nur auf die säurebildenden Lebensmittel. Bei den basenbildenden Lebensmitteln hingegen können Sie nach Herzenslust zugreifen. Stark basenbildend sind Gemüse, Kräuter, Früchte und Kartoffeln. Ein großer Vorteil dieser Naturprodukte: Sie haben eine hohe Nährstoffdichte. Das bedeutet, sie liefern uns sehr viele Vitamine, Mineralstoffe und sekundäre Pflanzenstoffe, haben dabei aber sehr wenig Kalorien. Darum können die 300-Kalorien-Portionen beim Basenfasten auch so üppig ausfallen. Allerdings funktioniert dieses Ich-esse-reichlich-und-nehme-ab nur dann, wenn Sie mit wenig Fett kochen. Beim Basenfasten gilt daher folgender Grundsatz: Für Suppen und Salate pro Portion nur ½ EL Öl verwenden.

5 Tage basisch genießen, 2–3 Kilo abnehmen

Smoothie, Oats oder Porridge zum Frühstück, zum Mittag- und Abendessen Suppe, Salat und Kartoffelbeilage, beim Basenfasten gibt es 3 Mahlzeiten pro Tag. Sie können für die Fastentage zwischen zwei Fünf-Tagesprogrammen (S. 12/13) wählen oder die Fastenzeit nach den Rezepten aus diesem Buch gestalten. Erfahrungsgemäß können Sie in dieser Zeit 2–3 Kilo abnehmen.

Früchte pur statt Zucker

Zucker gefährdet das Abnehmen. Der Abbau von Zucker im Organismus führt zu einem starken Anstieg des Blutzuckerspiegels. Um diesen zu senken, schüttet die Bauchspeicheldrüse reichlich Insulin aus, ein Hormon, das auch für den Fettstoffwechsel zuständig ist. Sackt der Blutzuckerspiegel schließlich wieder ab, bringt das die gefürchteten Heißhungerattacken mit sich. Die Süßspeisen in diesem Buch sind daher alle ohne Zucker zubereitet – und schmecken trotzdem. Frucht pur ist die Devise, frische Früchte, Beeren und Trockenfrüchte werden schlau kombiniert, sind natürlich süß und verwöhnen mit ihrem ganz speziellen Fruchtaroma. Weiterer Vorteil: Früchte sind starke Basenbildner und richtige Vitaminschätze.

Säurebildende Lebensmittel haben Pause

Fleisch, Fisch und Milchprodukte – diese stark säurebildenden Lebensmittel sind beim Basenfasten vom Speiseplan gestrichen. Hülsenfrüchte, Nüsse, Samen und Vollkorngetreide sind zwar schwach säurebildend, trotzdem werden sie beim Basenfasten in kleinsten Mengen verwendet, denn sie sind wertvolle Vitalstoff- und Energielieferanten. Die geringe Säurelast dieser natürlichen Produkte wird jedoch durch die großen Mengen basenbildender Lebensmittel mehr als ausgeglichen.

5–Tage–Programm Nr. 1

Jeden Tag

Frühstück:
Sie wählen zwischen Porridge, Oats oder Smoothie (S. 20–27)
Als Snack oder zur Suppe schmeckt der 100-Kalorien-Fasten-Salat (S. 42)

Flexible Hauptgerichte:
Sie entscheiden, ob Sie die Suppe oder den
großen Salat mittags oder abends essen.

1. Tag

Blumenkohlsalat mit Tomatendressing (S. 48) dazu 1 Portion Kartoffeln *
Karotten-Mandel-Suppe (S. 102)

2. Tag

Kartoffelsalat mit Radieschen, Räuchertofu und Endivien (S. 74)
Kohlrabisuppe mit Minze (S. 94)

3. Tag

Marinierte Champignons mit Tomaten und Feldsalat (S. 68) dazu 1 Portion Kartoffeln *
Kürbis-Pastinaken-Orangen-Suppe (S. 96)

4. Tag

Rote-Bete-Salat mit Ananas und Kokosdressing (S. 52) dazu 1 Portion Kartoffeln *
Minestrone (S. 84)

5. Tag

Avocado-Karotten-Salat mit Gurkendressing (S. 63) dazu 1 Portion Kartoffeln *
Die wunderbare Restesuppe (S. 87)

* 200 g Kartoffeln in der Schale gedämpft, in der Folie gebacken oder der Kartoffel-Beilagen-Salat (S. 47)

5–Tage–Programm Nr. 2

Jeden Tag

Frühstück:
Sie wählen zwischen Porridge, Oats oder Smoothie (S. 20–27)
Als Snack oder zur Suppe schmeckt der 100-Kalorien-Fasten-Salat (S. 42)

Flexible Hauptgerichte:
Sie entscheiden, ob Sie die Suppe oder den
großen Salat mittags oder abends essen.

1. Tag

Kartoffelsalat mit Gurken, Dill und Feldsalat (S. 50) dazu 1 Portion Kartoffeln *
Champignon-Zucchini-Suppe (S. 95)

2. Tag

Karottensalat mit Mandarinen, Rucola und Cashewnüssen (S. 58) dazu 1 Portion Kartoffeln *
Blumenkohlsuppe mit zweierlei Petersilie (S. 82)

3. Tag

Bohnensalat mit Tomatendressing (S. 59) dazu 1 Portion Kartoffeln *
Rote Bete-Sellerie-Pastinaken-Suppe (S. 90)

4. Tag

Trauben-Rucola-Salat mit gebratenen, marinierten Pilzen (S. 67) dazu 1 Portion Kartoffeln *
Brokkoli-Lauch-Suppe (S. 106)

5. Tag

Peperonata mit Blattsalat (S. 40) dazu 1 Portion Kartoffeln *
die wunderbare Restesuppe (S. 87)

* 200 g Kartoffeln in der Schale gedämpft, in der Folie gebacken oder der Kartoffel-Beilagen-Salat (S. 47)

Basenfasten und Abnehmen wie es mir gefällt

Mit den Rezepten aus diesem Buch können Sie Ihr ganz persönliches Abnehmprogramm zusammenstellen, abgestimmt auf ihren Tagesplan, ihre kulinarischen Vorlieben, die Jahreszeit oder einfach danach, wie viel Zeit und Arbeit Sie in die Zubereitung der basischen Speisen investieren wollen oder können.

Praktisches Suppenfasten – Genuss leicht gemacht

Sie können das 5-Tage-Abnehmprogramm auch mit Suppen allein gestalten, ich mache das ab und zu sehr gerne. Selbstverständlich ist es am einfachsten, wenn pro Tag eine Suppe auf dem Speiseplan steht. Diese wird sowohl mittags als auch abends gegessen. Großer Vorteil des Suppenfastens: Suppen sind auch in größeren Mengen schnell und einfach zubereitet. Wer unter der Arbeitswoche wenig Zeit zum Kochen hat, kann die Fastensuppen schon am Wochenende vorbereiten und portionsweise einfrieren. An den Arbeitstagen müssen Sie dann nur das Frühstück zubereiten, die Suppe auftauen, aufwärmen und abspülen – das sind doch gute Aussichten! Weiterer Vorteil der portionsweise eingefrorenen Fastenspeisen: Mittags und abends können verschiedene Süppchen aufgetischt werden. Aber auch wenn Sie jeden Tag oder am Vorabend kochen, belastet das ihr Zeitkonto kaum. Sie benötigen nur etwa 15 Minuten Arbeit, mehr brauchen Sie nicht für ein Suppenrezept aus diesem Buch.

Abnehmtage sind auch Salattage

Sie können nicht genug von Salaten bekommen? Wunderbar, dann genießen Sie mittags und abends Salate. Auch hier gilt: Ein Salat, der mittags schmeckt, ist auch am Abend willkommen. Besonders dann wenn man durch diese Ein-Gericht-für-einen-Tag-Methode Zeit gewinnt für Sport, Treffen mit Freunden, dringend notwendige Putzdienste, die entspannende Meditation oder einfach fürs Nichtstun.
Mit einem kleinen Trick schaffen Sie es auch, dass Sie trotz minimalem Aufwand zwei verschiedene Salate pro Tag auftischen können: Bereiten Sie am Abend einfach eine doppelte Portion Salat zu. Die eine Hälfte wird gleich gegessen, der Rest ins Glas gepackt und für den nächsten Tag kalt gestellt.

Ich will nicht jeden Tag eine Kartoffelbeilage essen

Beim Basenfasten haben alle Hauptgerichte ca. 300 Kalorien. Die Salate sind so berechnet, dass dazu immer eine Kartoffelbeilage gehört, also 200 g in der Schale gedämpfte Kartoffeln, Folienkartoffeln oder der Kartoffel-Beilagen-Salat (S. 47). Ausnahmen sind die bunten Kartoffel-Gemüse-Salate, diese haben bereits 300 Kalorien.

Grund für diese tägliche Dosis Erdäpfel ist folgender: Die tollen Knollen sind stark basisch, dazu eiweißreich. Sie liefern reichlich Energie und sind gut sättigend. Wenn Sie jedoch ab und zu auf die Kartoffelbeilage verzichten wollen, gibt es mehrere Möglichkeiten für ein basisches Hauptgericht mit 300 Kalorien:

1. Sie verspeisen eine doppelte Portion Salat. Sollte Sie das mengenmäßig überfordern, denn die Portionen sind groß, dann den Rest einfach als Snack zwischendurch genießen.

2. Sie kombinieren eine Portion Salat mit ½ Portion Suppe. Praktischerweise ist die Suppe schon gekocht und tiefgekühlt.

3. (erfordert etwas mehr Arbeitsaufwand): Sie kombinieren den Salat mit ½ Portion einer fruchtigen, süßen Speise. Vieles ist möglich, für Abwechslung ist gesorgt oder besser: Sie sorgen dafür. Wichtig dabei ist nur: Das Hauptgericht hat ca. 300 Kalorien.

Ich habe Appetit auf Süßes

Süße Hauptgerichte sind beliebt und darum müssen Sie auch beim Basenfasten nicht darauf verzichten. Allerdings haben diese basischen Süßspeisen mit nur 300 Kalorien einen großen Vorteil: Sie sind ohne Zucker zubereitet. Ihren Geschmack verdanken sie natürlich süßen Früchten und Trockenfrüchten. Wenn Sie Lust auf Süßes haben, dann setzen Sie den Fruchtgenuss einfach mittags oder abends als Hauptgericht auf den Fastenplan oder kombinieren Sie Süßes mit Suppen oder Salaten zu 300-Kalorien-Hauptmahlzeiten, ganz wie es in ihren Tagesablauf passt und wie es Ihnen am besten bekommt.

Abwechslung nach dem Bausteinprinzip

Es gibt diese Glücksmomente, da hat man einfach Lust und Zeit zum Kochen – unabhängig davon, ob man gerade basenfastet oder nicht. Da will man bei einer Hauptmahlzeit nicht nur ein Gericht genießen, sondern gleich zwei oder drei. Gleich eine ganze Gläsersammlung appetitlich gefüllt mitnehmen und vor den staunenden Augen der Kollegen auspacken. Nur zu, auch das ist beim Basenfasten möglich. Da gibt es als Vorspeise die cremige Suppe, als Hauptgericht knackigen Salat mit einer gemütlichen Ofenkartoffel und als Tüpfelchen auf dem I eine fruchtig süße Kleinigkeit. Auch diese Gaumenfreuden sind mit dem 5-Tage-Programm zu vereinbaren. Alle Menübausteine sind basisch, und Sie müssen nur die Portionen so berechnen, dass dieses Schlemmermenü nicht mehr als ca. 300 Kalorien zählt.

Abnehmen ist gut,
schlank bleiben ist besser

Basenfasten wirkt doppelt. Zum einen werden Sie damit die lästigen Kilos
los. Zum anderen kann Basenfasten der Start zu neuen Essgewohnheiten
sein – der einzige Weg, um dauerhaft schlank zu bleiben.

Jo-Jo-Effekt mit schweren Folgen

Schon viele mussten es am eigenen Leib erfahren: Nach dem Ab- ist vor dem Zunehmen. Der Grund dafür ist mittlerweile gut bekannt. Für den Körper bedeutet eine Diät eine Hungersnot. Um das Überleben zu sichern, schaltet er auf ein Notprogramm und verwertet das Essen besonders gut. Auch nach der Diät wird mit der aufgenommenen Nahrung sparsam gewirtschaftet. Kippen wir nun wieder in die alten Essgewohnheiten, werden fürsorglich Fettpolster angelegt und der Diäterfolg ist in kurzer Zeit zunichte gemacht. Strenge Diät und Rückfall in alte Essgewohnheiten – wiederholt sich dies häufiger, ist man am Ende dicker als je zuvor. Das bestätigen auch groß angelegte Studien. Darum empfehlen Ärzte: Das Essverhalten ändern, nur so lässt sich das Gewicht dauerhaft halten.

Die Angst vor dem Essen

Bei immer mehr Menschen führt das permanente Streben nach dem Wunschgewicht zu Essstörungen. Die Angst vor dem Essen greift um sich, jede Mahlzeit wird zur Bedrohung und kann nur durch eine strenge Auswahl der Lebensmittel und Mengen durchgestanden werden. Bricht dann ab und zu dieses kontrollierte Verhalten zusammen, schlägt man sich den Bauch mit Verbotenem voll und muss sich danach mit noch strengeren Einschränkungen hart bestrafen. Ein Teufelskreis, der letztlich krank und unglücklich macht. Ein Ausweg aus diesem Dilemma: Das Abenteuer leichtes, basisches Essen wagen und sich auf Genuss ohne Gewissensbisse freuen.

Je öfter, desto lieber – So kommen Sie auf den leichten Geschmack

Je öfter wir etwas essen, umso besser schmeckt es uns, diese Erfahrung machen wir immer wieder, und sie wurde auch von der Wissenschaft bestätigt, die für dieses Phänomen einen Namen hat: »Mere Exposure Effect«[*]
Basenfasten ist eine große Chance für einen Neustart unserer Essgewohnheiten. In diesen fünf bis zehn Tagen können wir uns an den Geschmack neuer leichter Speisen aus natürlichen basischen Zutaten gewöhnen. Wir entwickeln eine Vorliebe für aromatische Gemüsesuppen, üppige Salate, abwechslungsreiche Gemüsegerichte und fruchtige, süße Speisen. Und je öfter wir sie essen, umso besser schmecken sie uns.

---

[*] Literaturtipp: Dr. Eva Derndorfer »Warum wir essen, was wir essen«, Krenn Verlag, 2008

Änderung der Essgewohnheiten mit Genuss

Diese Entdeckung des leichten Geschmacks führt auch dazu, dass wir beim alltäglichen Kochen weniger Fett verwenden und sich unsere Wahrnehmung des süßen Geschmacks ändern kann. Mit der Zeit empfinden wir stark gezuckerte und fette Speisen als unangenehm und wir bevorzugen leichte Süßspeisen mit reichlich frischen Früchten. Die Änderung des Essverhaltens ist ein Prozess und findet nicht von heute auf morgen statt, aber sie kann gelingen, und Basenfasten ist ein guter Einstieg dazu.

Schlank bleiben – finden Sie ihren Weg!

Es gibt nicht das eine Patentrezept, wie Sie Ihre Essgewohnheiten dauerhaft ändern können, aber es gibt verschiedene Pflastersteine auf dem Weg zum großen Ziel: Sie essen dreimal pro Woche zum Frühstück ein Porridge oder Oats nach Rezepten aus diesem Buch. Salate und Gemüsegerichte spielen häufig die Hauptrolle beim Mittagessen. Wenn Sie Appetit darauf haben, auch kombiniert mit Milchprodukten, Fisch oder Fleisch. Für diese gilt: kleinere Portion, aber von besonders guter Qualität. Sie genießen öfters eine große Portion Gemüsesuppe zum Abendessen. Sie kochen ganz bewusst mit wenig Fett. Der kleine Hunger zwischendurch wird häufig mit frischem Obst oder Gemüse gestillt, für Süßspeisen kaufen Sie die besten Früchte und brauchen so kaum bis keinen Zucker. Es gibt jeden Tag, bei jeder Mahlzeit die Chance für kleine Änderungen, die mit der Zeit große Wirkung zeigen.

Verbote schaden

Sagen Sie beim Essen niemals nie. Das stresst und steigert die Sehnsucht nach dem Verbotenen. Ich esse alles, worauf ich Appetit habe, die Sahnetorte beim Geburtstagsfest, die Leberwurst beim Heurigen, und wenn es bei meinem Marktstand einen neuen Käse gibt, greife ich zu. Trotzdem besteht keine Gefahr, dass ich mich in fette Essgewohnheiten stürze. Ich esse seit vielen Jahren überwiegend so, wie ich es in meinen Büchern beschreibe. Häufig bin ich mit der Entwicklung neuer basischer Rezepte und dem Probekochen beschäftigt. Meine Geschmacksvorlieben sind dadurch stark geprägt. Ich genieße zwar diese kleinen kulinarischen Ausflüge, aber jeden Tag Sahnetorte oder Leberwurst würde ich nicht aushalten. Um mich wohlzufühlen, brauche ich »mein Essen« – und ganz nebenbei passt mir seit Jahren auch dieselbe Kleidergröße.
Genießen Sie also ab und zu die Schokomousse und erfreuen Sie sich jeden Tag an den frischen Früchten der Saison – so bleiben sie schlank und bei guter Laune.

Frühstück

Pro Portion: 270 kcal, 11 g E, 9 g F, 35 g KH, 0 mg Chol

Erdbeer–Dattel–Porridge mit Mandeldrink

Für 2 Portionen

2 getrocknete Datteln
60 g Haferflocken
¼ TL gemahlener Zimt
400 ml ungesüßter Mandeldrink
300 g Erdbeeren

Datteln in kleine Stücke schneiden. Haferflocken mit Datteln und Zimt in 200 ml Wasser zum Kochen bringen. Porridge 5 Minuten köcheln lassen, dabei ab und zu umrühren.

Mandelmilch unterrühren. Porridge weitere 5 Minuten köcheln lassen, dabei ab und zu umrühren.

Erdbeeren in Stücke schneiden. Porridge vom Herd nehmen. Erdbeeren untermischen.

Porridge to go
Erdbeeren getrennt
verpacken und erst unmittelbar vor
dem Essen unter den Porridge rühren.
Schmeckt auch mit Himbeeren –
frisch oder tiefgekühlt.

Pro Portion: 269 kcal, 9 g E, 8 g F, 40 g KH, 0 mg Chol

Birnenporridge mit Cranberrys

Für 2 Portionen

60 g Haferflocken
2 EL getrocknete Cranberrys
300 ml ungesüßter Sojadrink
2 Birnen
1 EL Haselnüsse

In einem kleinen Topf Haferflocken, Cranberrys und 250 ml Wasser vermischen. Porridge zum Kochen bringen, 5 Minuten köcheln lassen, dabei ab und zu umrühren.

Sojadrink dazugeben, Porridge noch weitere 5 Minuten köcheln lassen, dabei ab und zu umrühren.

Birnen in kleine Stücke schneiden. Haselnüsse hacken. Birnen und Haselnüsse mit dem Porridge vermischen und noch einen Moment erhitzen.

Zur Abwechslung grob geraspelte Äpfel unter den Porridge mischen. Porridge auch mit Mandel- oder Haferdrink zubereiten.

Pro Portion: 274 kcal, 6 g E, 13 g F, 39 g KH, 0 mg Chol

Pfirsich–Aprikosen–Porridge mit Kokosmilch

Für 2 Portionen

Aprikosen in kleine Stücke schneiden. Ingwer fein hacken.

Haferflocken, Aprikosen, Ingwer und 300 ml Wasser in einen kleinen Topf geben. Porridge zum Kochen bringen, 5 Minuten köcheln lassen, dabei ab und zu umrühren.

Kokosmilch unterrühren. Porridge weitere 5 Minuten köcheln lassen, dabei ab und zu umrühren.

Pfirsiche in Stücke schneiden. Porridge vom Herd nehmen. Pfirsiche untermischen.

2 getrocknete Softaprikosen
5 g frischer Ingwer
50 g Haferflocken
125 ml ungesüßte Kokosmilch
2 Pfirsiche

Tipps

Schmeckt auch gut mit Reis-, Hirse- oder Dinkelflocken.

Energie für den Fasttag

Ein Loblied auf das warme Frühstück

Nur weil sie abnehmen wollen, bedeutet das nicht automatisch, dass Sie morgens hungern müssen. Das Gegenteil ist der Fall. Sie brauchen ein energielieferndes Frühstück für einen starken Start in den Tag. Für mich ist (nicht nur) beim Basenfasten warmer Porridge am Morgen eine Wohltat. Er verbreitet ein angenehmes Gefühl im Magen und hält bis zum Mittagessen satt. Allerdings ist dieses warme Frühstück kein Muss, sondern nur eine Empfehlung. Sie können den Tag auch gut mit Overnight-Oats, Müsli oder Smoothie beginnen. Eines haben alle Frühstücksrezepte gemeinsam: Sie enthalten neben reichlich basischen Früchten auch kleine Mengen an Vollkornprodukten.

Kraft aus kleinen Körnern

Vielfach wird Getreide aus Angst vor Kohlenhydraten ganz vom Speiseplan gestrichen. Man sollte jedoch einen genaueren Blick auf diese Nährstoffe werfen, bevor man sie vom Teller verbannt. Bei den Kohlenhydraten gibt es die »Guten« und die »Bösen«. Letztere, auch einfache Kohlenhydrate genannt, sind im Zucker, in Weißmehl, in Fertigprodukten sowie in Limo- und Colagetränken enthalten. Einfache Kohlenhydrate erhöhen blitzschnell den Blutzuckerspiegel. Um ihn rasch zu normalisieren, wird Insulin ausgeschüttet. Folge dieser starken Schwankungen des Blutzuckerspiegels: Die gefürchteten Heißhungerattacken, die das unkontrollierte Verschlingen großer Portionen auslösen.
Die guten, da komplexen Kohlenhydrate liefern uns Vollkornprodukte, Hülsenfrüchte, Kartoffeln und in kleineren Mengen auch Gemüse und Früchte. Komplexe Kohlenhydrate werden langsam verdaut, halten den Blutzuckerspiegel konstant, versorgen uns mit dem so dringend benötigten stetigen Energiefluss und sättigen anhaltend. Darüber hinaus sind Vollkorngetreide und Hülsenfrüchte reich an verdauungsfördernden Ballast- und Mineralstoffen, Vitaminen, besonders an den nervenstärkenden B-Vitaminen. Wertvolle Lebensmittel also, die nach dem Basenfasten zu einem gesunden, schlanken Essen gehören.
Beim Basenfasten gibt es nur zum Frühstück eine kleine Portion Getreide. Der Grund dafür: Vollkorngetreide ist auch eiweißreich und darum schwach säurebildend. Da es aber zum Frühstück schon reichlich Früchte und Trockenfrüchte gibt, beginnen Sie den Tag trotzdem mit einem satten Basenplus.

Kräutertee – entspannen statt aufputschen

Trinken Sie beim Basenfasten zum Frühstück und den ganzen Tag über aromatische Kräutertees statt Kaffee, grünen oder schwarzen Tee. In der ersten Zeit sind Sie vielleicht etwas müde. Aber wenn Sie auf koffein- und teeinhaltige Getränke verzichten, werden Sie eine interessante Erfahrung machen. Nach einigen Tagen Basenfasten können Sie ganz bewusst einen Energieschub wahrnehmen und das fühlt sich richtig gut an.

Pflanzendrinks – bitte ohne Zucker

Beim Basenfasten sind alle Rezepte vegan. Darum wird Porridge mit Pflanzenmilch zubereitet. Diese muss allerdings laut EU-Verordnung als Drink bezeichnet werden. Ganz nach Appetit und Befindlichkeit können Sie zwischen Soja-, Reis-, Hafer- oder Mandeldrink wählen. Wichtig ist nur, dass Sie ein zuckerfreies Produkt wählen. Und das sollte auch der Pflanzenjoghurt sein, den sie für Overnight-Oats, Müsli oder Smoothie verwenden. Mittlerweile gibt es neben Sojajoghurt auch Kokos- oder Mandeljoghurt. Sehen Sie sich die Nährwerte dieser neuen Produkte genau an. Wenn Sie mit dem Basenfasten abnehmen wollen, soll ihr Fettgehalt ca. 3,6 % ausmachen.

Der Sojajoghurt und ich

Seit über 20 Jahren esse ich fast täglich 250 g Sojajoghurt, ungesüßt vermischt mit frischen Früchten. Angefangen hat alles, nachdem mein Frauenarzt mir zur Vorbeugung gegen Wechselbeschwerden aller Art eine Hormonersatztherapie empfohlen hat. Ich war davon nicht begeistert, habe zu recherchieren begonnen und bin auf Sojaprodukte gestoßen. Sie enthalten Isoflavone, pflanzliche Hormone, die vor Herz-Kreislauf-Krankheiten schützen, Wechselbeschwerden mildern oder zum Verschwinden bringen, die Haut jung und die Haare fest halten.[*] Wovon Frauen in Asien seit langem profitieren, sollte wohl auch bei mir funktionieren – damit begann meine Geschichte mit dem Sojajoghurt und sie war erfolgreich. Hitzewallungen kenne ich nur aus Erzählungen, mit Haut und Haaren bin ich zufrieden, und gesundheitlich geht es mir gut.

Warum ich hier so detailliert auf meine Befindlichkeit eingehe? Wenn Sie meine Bücher kennen, wissen Sie, dass ich damit sonst eher zurückhaltend bin. Aber in letzter Zeit habe ich festgestellt, dass die Vorurteile gegen Soja zunehmen, und ich würde es sehr bedauern, wenn Sie dadurch verunsichert werden und auf die Vorzüge von Sojaprodukten verzichten. Um die Umwelt zu schützen, sollten die Sojabohnen für Sojadrink, Tofu und Sojajoghurt jedoch aus Europa kommen und biologisch angebaut sein. Achten Sie darum beim Einkauf auf die entsprechende Kennzeichnung.

---

* Mehr Informationen in: Elisabeth Fischer/Irene Kührer »Soja – 120 vegetarische und vegane Rezepte«, Kneipp Verlag.

Pro Portion: 257 kcal, 8 g E, 10 g F, 31 g KH, 0 mg Chol

Overnight-Oats
mit Heidelbeeren und Nüssen

Für 2 Portionen

2 getrocknete Datteln
40 g Haferflocken
1 EL Walnüsse
250 g ungesüßter Sojajoghurt
250 g Heidelbeeren

Am Vorabend die Datteln klein schneiden. Haferflocken, Datteln und 100 ml kaltes Wasser vermischen, zugedeckt über Nacht im Kühlschrank quellen lassen.

Am Morgen die Walnüsse grob hacken. Getreideflocken, Einweichflüssigkeit und Sojajoghurt vermischen. Walnüsse und Heidelbeeren untermischen.

Oats auch mit Reis-, Hirse oder Dinkelflocken zubereiten.
Auch mit Himbeeren, Brombeeren und Erdbeeren sorgt dieses Müsli für einen starken Start in den Tag.

Pro Portion: 256 kcal, 8 g E, 9 g F, 33 g KH, 0 mg Chol

Overnight-Oats mit Mango

Für 2 Portionen

Am Vorabend die getrockneten Pflaumen in kleine Stücke schneiden. Getreideflocken und Pflaumen mit 100 ml kaltem Wasser vermischen und zugedeckt über Nacht im Kühlschrank quellen lassen.

Am Morgen die Mango in kleine Stücke schneiden. Getreideflocken, Pflaumen, Einweichflüssigkeit und Sojajoghurt vermischen. Mango und Mandelsplitter untermischen.

2 getrocknete Pflaumen

40 g Haferflocken

1 Mango

250 g ungesüßter Sojajoghurt

1 EL Mandelblättchen

Sommer-Oats

Die Jahreszeit nutzen und in der Erntesaison die Oats mit sonnenreifen Aprikosen, Pfirsichen und Melonen genießen.

Kräftiger Geschmack

Die Mandelplättchen kurz in einer beschichteten Pfanne unter Rühren anrösten.

Pro Portion: 251 kcal, 8 g E, 9 g F, 33 g KH, 0 mg Chol

Müsli mit Apfel – Grundrezept für das ganze Jahr

Für 2 Portionen

2 TL Rosinen
40 g Haferflocken
2 Äpfel
1 EL Haselnüsse
250 g ungesüßter Sojajoghurt

Am Vorabend die Rosinen hacken. Haferflocken, Rosinen und 100 ml kaltes Wasser vermischen, zugedeckt über Nacht im Kühlschrank quellen lassen.

Am Morgen die Äpfel grob raspeln und die Haselnüsse hacken.

Getreideflocken, Einweichflüssigkeit und Sojajoghurt vermischen. Äpfel und Haselnüsse untermischen.

Die Abwechslung beginnt am Morgen!
Wenn Sie das Müsli auch mit saftigen Birnen zubereiten, so bringen sie – grob geraspelt – viel Geschmack in die Frühstückspeise.

Pro Portion: 253 kcal, 6 g E, 2 g F, 51 g KH, 0 mg Chol

Ananas-Apfel-Rote-Bete-Smoothie

Für 2 Portionen

Am Vorabend die Getreideflocken und die Rosinen mit 100 ml kaltem Wasser vermischen und zugedeckt über Nacht im Kühlschrank quellen lassen.

Am Morgen Ananas und Apfel in kleine Stücke schneiden. Im Mixglas oder mit dem Mixstab Ananas, Apfel, Getreideflocken, Rosinen, Einweichwasser und Rote-Bete-Saft zu einem glatten Smoothie mixen.

30 g Haferflocken
2 TL Rosinen
200 g Ananas
1 Apfel
500 ml Rote-Bete-Saft

Rote-Bete-Saft

Dieser Smoothie schmeckt auch mit Rote-Bete-Saft aus der Flasche. Wählen Sie dafür einen milchsauer vergorenen, er hat ein feines Aroma. Für selbstgemachten Saft brauchen Sie ca. 500 g Rote Bete.

Pro Portion: 242 kcal, 5 g E, 15 g F, 22 g KH, 0 mg Chol

Avocado–Petersilien–Kokos–Smoothie

Für 2 Portionen

40 g Haferflocken
1 reife Avocado
1 Bund Petersilie
300 ml Kokoswasser
1 EL Zitronensaft

Am Vorabend die Haferflocken mit 200 ml kaltem Wasser vermischen und zugedeckt über Nacht im Kühlschrank quellen lassen.

Am Morgen Avocado in Stücke schneiden. Petersilie grob hacken.

Im Mixglas oder mit dem Mixstab Avocado, Petersilie, Getreideflocken, Einweichflüssigkeit, Kokoswasser und Zitronensaft zu einem glatten Smoothie mixen.

WICHTIG

Maßangaben gelten in allen Rezepten für geputztes Gemüse und geputzte Früchte

Pro Portion: 222 kcal, 6 g E, 2 g F, 43 g KH, 0 mg Chol

Birnen–Tomaten–Bananen–Smoothie

Für 2 Portionen

40 g Getreideflocken
   (Hafer, Reis, Dinkel, Hirse)
2 TL Rosinen
1 große, saftige Birne
1 Banane
500 ml Tomatensaft

Am Vorabend die Getreideflocken und die Rosinen mit 100 ml kaltem Wasser vermischen und zugedeckt über Nacht im Kühlschrank quellen lassen.

Am Morgen Birne und Banane in Stücke schneiden. Im Mixglas oder mit dem Mixstab aus Birnen, Bananen, Getreideflocken, Rosinen, Einweichflüssigkeit und Tomatensaft einen glatten Smoothie mixen.

Pro Portion: 213 kcal, 5 g E, 2 g F, 40 g KH, 0 mg Chol

Mango–Karotten–Orangen–Smoothie

Für 2 Portionen

Am Vorabend die Getreideflocken und Cranberrys mit 100 ml kaltem Wasser vermischen und zugedeckt über Nacht im Kühlschrank quellen lassen.

Am Morgen die Mango in kleine Stücke schneiden. Im Mixglas oder mit dem Mixstab Mango, Getreideflocken, Cranberrys, Einweichflüssigkeit, Karotten- und Orangensaft zu einem glatten Smoothie pürieren.

40 g Haferflocken
2 TL getrocknete Cranberrys
1 reife Mango
300 ml Karottensaft
200 ml Orangensaft

Tipps

Die Säfte für diesen schnell gemixten Smoothie sind frisch gepresst oder 100 % naturrein aus der Flasche. Für selbstgemachte Säfte brauchen Sie 2 Orangen und ca. 450 g Karotten.

Pro Portion: 253 kcal, 6 g E, 2 g F, 50 g KH, 0 mg Chol

Wassermelonen–Aprikosen–Erdbeer–Smoothie

Für 2 Portionen

2 getrocknete Softaprikosen

40 g Hirseflocken

500 g Wassermelone

200 g Aprikosen

100 g Erdbeeren

Am Vorabend die getrockneten Aprikosen in Stücke schneiden. Hirseflocken und Aprikosen mit 100 ml kaltem Wasser vermischen und zugedeckt über Nacht im Kühlschrank quellen lassen.

Am Morgen die Wassermelone in kleine Stücke schneiden, Kerne so gut wie möglich entfernen. Aprikosen und Erdbeeren in Stücke schneiden.

Im Mixglas oder mit dem Mixstab Wassermelonen, Aprikosen, Getreideflocken, getrocknete Aprikosen und Einweichflüssigkeit zu einem glatten Smoothie pürieren.

Pro Portion: 208 kcal, 4 g E, 2 g F, 39 g KH, 0 mg Chol

Heidelbeer–Bananen–Fenchel–Smoothie

Für 2 Portionen

1 TL Fenchelsamen
40 g Haferflocken
2 TL Rosinen
1 Banane
200 g Heidelbeeren

Am Vorabend die Fenchelsamen mit 400 ml kochendem Wasser übergießen, 7 Minuten ziehen lassen. Den Tee abseihen.

Fencheltee, Haferflocken und Rosinen vermischen und über Nacht kalt stellen.

Am Morgen die Banane in kleine Stücke schneiden. Im Mixglas oder mit dem Mixstab Haferflocken, Rosinen, Einweichflüssigkeit, Banane und Heidelbeeren zu einem glatten Smoothie pürieren.

Pro Portion: 228 kcal, 5 g E, 1 g F, 46 g KH, 0 mg Chol

Grapefruit–Birnen–Karotten–Smoothie mit Ingwer

Für 2 Portionen

Am Vorabend den Ingwer in dünne Scheiben schneiden, mit 200 ml kochendem Wasser übergießen und 10 Minuten ziehen lassen. Ingwertee durch ein Sieb abgießen.

Getreideflocken mit dem Ingwertee übergießen, kalt stellen und über Nacht quellen lassen.

Am Morgen die Birne in kleine Stücke schneiden. Im Mixglas oder mit dem Mixstab Getreideflocken, Einweichflüssigkeit, Birne, Grapefruit- und Karottensaft zu einem glatten Smoothie pürieren.

15 g frischer Ingwer
40 g Haferflocken
2 Birnen
200 ml Grapefruitsaft
300 ml Karottensaft

Für selbstgemachte Säfte brauchen Sie 2 Grapefruits und ca. 450 g Karotten. Dieser Smoothie schmeckt auch mit Mandarinen- und Orangensaft.

Salate

Pro Portion: 132 kcal, 5 g E, 6 g F, 13 g KH, 0 mg Chol

Peperonata mit Blattsalat

Für 2 Portionen

4 rote Paprikaschoten
2 Knoblauchzehen
2 Zweigchen Minze
½ Kopfsalat
2 EL Zitronensaft

Dazu: 1 EL Olivenöl, Salz, Pfeffer

Backofen auf 200 °C Ober/Unterhitze (Umluft 180 °C) vorheizen.

Die ganzen Paprikaschoten auf den Rost legen, im vorgeheizten Ofen ca. 20 Minuten braten, bis die Haut Blasen wirft und sich stellenweise braun verfärbt. Paprika in einer Schüssel etwas abkühlen lassen

Inzwischen Knoblauch fein hacken und Minze fein schneiden. Kopfsalat in mundgerechte Stücke teilen.

Paprika über der Schüssel anstechen. Für das Dressing den herabtropfenden Saft auffangen, mit Zitronensaft, Olivenöl und Minze vermischen.

Stielansatz und Kerne der Paprika entfernen, Haut abziehen. Paprika in dünne Streifen schneiden. Paprika mit dem Dressing vermischen. Salat mit Salz und Pfeffer abschmecken, abkühlen lassen.

Kopfsalat in mundgerechte Stücke teilen. Paprikasalat ins Glas füllen den Kopfsalat darauf geben.

Pro Portion: 100 kcal,l

Der 100-Kalorien-Fasten-Salat
Das Grundrezept

Für 2 Portionen

150 g Blattsalate
350 g Gemüse

Dazu:
Cremiges Kräuter-Senf-Dressing (S. 43)
oder
Rosarotes Tomatendressing (S. 44)
oder
Fruchtiges Asia-Dressing (S. 45)

Blattsalate in mundgerechte Stücke teilen oder in dünne Streifen schneiden.

Gemüse in kleine Stücke schneiden oder raspeln.

Gemüse ins Glas schichten, Blattsalate darauf geben.

Dressing getrennt verpacken. Den Salat erst unmittelbar vor dem Essen mit dem Dressing vermischen.

Im Einklang mit der Jahreszeit und ideale Resteverwertung
Im Sommer kommen Tomaten, Paprika und junge Spinatblättchen in den Fastensalat, in der kalten Jahreszeit Karotten, Kohlrabi, Rote Rüben und Endivien. Dieser Beilagensalat ist auch ideal zur Verwertung kleiner Gemüsereste wie Radieschen, Kohlrabi, Gurken, Sellerie – der Beilagensalat beim Basenfasten kann nicht bunt genug sein.

Pro Portion: 57 kcal, 1 g E, 3 g F, 6 g KH, 0 mg Chol

Cremiges Kräuter-Senf-Dressing

Für 2 Portionen

Kartoffeln in kleine Stücke schneiden. Petersilie und Dill fein hacken. Schnittlauch in feine Röllchen schneiden.

Mit dem Mixstab aus Kartoffeln, Petersilie, Dill, Gemüsebrühe, Senf und Öl ein cremiges Dressing mixen. Schnittlauch unterrühren. Dressing mit Salz und Pfeffer abschmecken.

75 g gekochte Kartoffeln
½ Bund Petersilie
½ Bund Dill
½ Bund Schnittlauch
2 TL scharfer Senf

Dazu: 1 TL Öl, 200 ml Gemüsebrühe, 1 EL Apfelessig, Salz, Pfeffer

Tipps

Gekochte Kartoffeln übrig?
Dieses Rezept ist die ideale Resteverwertung. Ein aromatisches, schnell gemixtes Dressing für den 100-Kalorien-Fasten-Salat (S. 42).

Pro Portion: 57 kcal, 2 g E, 3 g F, 5 g KH, 0 mg Chol

Rosarotes Tomatendressing

Für 2 Portionen

1 getrocknete Aprikose

50 ml passierte Tomaten

2 EL Sojasahne

½ TL getrockneter Thymian

½ TL getrockneter Basilikum

Dazu: 100 ml kalte
Gemüsebrühe, 1 EL Apfelessig,
Salz, Pfeffer

Aprikose klein hacken.

Mit dem Mixstab aus passierten Tomaten, Aprikose, Sojasahne, Thymian, Basilikum, Gemüsebrühe und Apfelessig ein cremiges Dressing mixen.

Dressing mit Salz und Pfeffer abschmecken.

Dressing für den 100-Kalorien-Fasten-Salat (S. 42). Schmeckt auch mit Reis- oder Hafersahne.

Pro Portion: 68 kcal, 1 g E, 4 g F, 6 g KH, 0 mg Chol

Fruchtiges Asiadressing

Für 2 Portionen

Ingwer fein hacken. Sie brauchen ca. 1 gestrichenen TL davon. Schale von ¼ Orange abreiben. Orange auspressen.

Orangensaft, Orangenschale, Kokoswasser, Ingwer, Orangenschale, Sojasauce, geröstetes Sesamöl, Öl und Essig verrühren. Dressing mit Pfeffer abschmecken.

10 g frischer Ingwer
1 Bio-Orange
100 ml Kokoswasser
1 EL Sojasauce
½ TL geröstetes Sesamöl

Dazu: 1 TL Öl, 1 TL Apfelessig, Pfeffer

Tipps

Würzig-pikantes Dressing für den 100-Kalorien-Fasten-Salat (S. 42).

Salate immer wieder neu

Genuss fängt beim Einkaufen an

Je frischer die Zutaten, desto besser der Salat. Kommt es aus der Region, bevorzugt aus Bio-Anbau und im Einklang mit der Jahreszeit geerntet, so erfreut Blatt-, Wurzel- oder Fruchtgemüse nicht nur mit dem besten Aroma, sondern auch mit den meisten Vitaminen. Wählen Sie im Supermarkt möglichst Produkte, die keine lange Reise hinter sich haben. Sie tun damit nicht nur sich selbst, sondern auch der Umwelt einen Gefallen. Sie essen beim Basenfasten hauptsächlich frisches Gemüse. Da lohnt es sich, auf dem Markt, beim Gemüsehändler ihres Vertrauens oder gleich ab Hof einzukaufen. Auch selbst angebaute Kräuter vom Fensterbrett, Balkon oder aus dem Garten sind eine gute Investition.

Kartoffeln fördern das Abnehmen

Beim Basenfasten gibt es zu den Salaten meist eine Kartoffelbeilage, und dafür sprechen einige gute Gründe. Denn Kartoffeln haben ganz zu Unrecht einen schlechten Ruf. Werden die »Erdbirnen«, wie das beim Basenfasten der Fall ist, mit wenig Fett zubereitet, sind sie echtes Schlankheitsfutter. 100 g Kartoffeln haben gerade einmal 70 Kalorien, sind praktisch fettfrei und sättigen uns mit den energieliefernden komplexen Kohlenhydraten. Dazu sind sie überaus reich an Vitaminen, Mineralstoffen und gut verwertbarem Eiweiß, das wir für den Aufbau neuer Zellen, körpereigener Schutzstoffe und starker Muskeln brauchen.
Die Bedeutung der Kartoffeln beim Basenfasten ist jedoch schnell erklärt: Sie sind stark basenbildend und haben darum genau wie die schwach basenbildenden Sojaprodukte eine Sonderstellung unter den ansonsten säurebildenden eiweißreichen Lebensmitteln.

So bleiben Salate und Kräuter lange frisch

Ganz unkompliziert funktioniert das Basenfasten, wenn Blattsalate und Kräuter schon fertig geputzt und gewaschen im Kühlschrank warten. Das spart nicht nur Zeit, sondern bringt auch mehr Genuss, denn schlau gelagert bleibt das vorbereitete Grünzeug tagelang frisch. Ich kann Ihnen zwei Methoden dafür empfehlen. Für beide zuerst Salatköpfe in Blättchen teilen und Kräuterstiele abschneiden. Salat und Kräuter kurz in kaltem Wasser waschen.
Methode 1: Salat und Kräuter kurz abtropfen lassen. Küchenpapier in ein großes Glas, eine große Plastikdose oder einen Gefrierbeutel geben. Salat und Kräuter darin gut verschließen und kühlen.
Methode 2 habe ich erst kürzlich kennengelernt und bin davon begeistert. Die tropfnassen Salatblättchen und Kräuter in einen Beutel aus Frotteestoff geben. Beutel verschließen und in den Kühlschrank legen. Diese Salatbeutel können Sie kaufen, jedoch ganz leicht auch selbst nähen: 90 cm x 100 cm weichen Frotteestoff (100 % Baumwolle) zu einem Beutel zusammennähen, an der Öffnung einen breiten Saum nähen und in diesen sogenannten Tunnelsaum ein Band einziehen, denn so lässt sich der Beutel leicht verschließen.

Für den kleinen Hunger zwischendurch

Die Portionen beim Basenfasten sind üppig. Wenn Sie zwischendurch trotzdem hungrig werden oder abends vor dem Fernseher plötzlich Knabbergelüste bekommen, dann greifen Sie zu Karotten-, Kohlrabi-, Gurken- oder Paprikasticks, auch Stangensellerie ist gut geeignet. Rohes Gemüse hat verschwindend wenig Kalorien (ca. 23 kcal pro 100 g) und gefährdet das Abnehmen nicht, auch wenn Sie reichlich davon »naschen«.

Basenfasten bei Laktoseintoleranz, Zöliakie, Glutenunverträglichkeit und Lebensmittelallergien

Alle Speisen beim Basenfasten sind vegan. Darum ist es für Menschen mit Laktoseintoleranz das ideale Abnehmprogramm. Auch bei Zöliakie und Glutenunverträglichkeit ist die basische Kur gut durchführbar. Denn Getreideprodukte gibt es nur zum Frühstück und Sie können alle Rezepte mit glutenfreien Reis- oder Hirseflocken zubereiten. Die Speisen für Mittag- und Abendessen sind völlig getreidefrei. Wer gegen Soja allergisch ist, verwendet alternative Pflanzenmilchprodukte aus Hafer, Mandeln, Reis oder Kokos und streicht die vier Tofurezepte und die Misosuppe. Ansonsten können Sie die Rezepte entsprechend Ihrer Befindlichkeit variieren. Bei Allergien gegen Nüsse diese einfach weglassen. Wenn Ihnen ein spezielles Gemüse oder eine Frucht nicht bekommt oder nicht schmeckt, dann das Rezept mit einer Lieblingszutat, die eine ähnliche Konsistenz hat, zubereiten.

Kartoffelsalat als Beilage

Für 2 Portionen
Pro Portion: 150 kcal

400 g festkochende Kartoffeln
¼ Zwiebel
1 Prise Muskatnuss
½ TL getrockneter Liebstöckel

Dazu: 2 EL Apfelessig,
50 ml Gemüsebrühe,
Salz, Pfeffer

Kartoffeln in der Schale weich dämpfen, abkühlen lassen, abziehen, in dünne Scheiben schneiden. Zwiebel fein hacken. Kartoffeln mit Apfelessig und heißer Gemüsebrühe, Zwiebeln, Muskat und Liebstöckel vermischen. Salat mit Salz und Pfeffer abschmecken.

Mischen Sie zur Abwechslung auch frische, fein gehackte Kräuter, z. B. Basilikum, Petersilie oder Dill unter den Kartoffelsalat oder verfeinern Sie das Dressing mit 2 TL Senf.

Pro Portion: 152 kcal, 9 g E, 6 g F, 13 g KH, 0 mg Chol

Blumenkohlsalat mit Tomatendressing

Für 2 Portionen

500 g Blumenkohl

½ Bio-Zitrone

2 Tomaten

1 Knoblauchzehe

150 g Feldsalat

Dazu: 1 EL Olivenöl,
1 EL Apfelessig, Salz, Pfeffer

Blumenkohl in kleine Röschen teilen. Schale von ¼ Zitrone abreiben. 3 EL Zitronensaft auspressen.

200 ml Wasser zum Kochen bringen. Blumenkohl und Zitronenschale dazugeben, mit Salz und Pfeffer würzen. Blumenkohl in ca. 6 Minuten zugedeckt bissfest köcheln lassen.

Blumenkohl in ein Sieb abgießen, abtropfen lassen mit 2 EL Zitronensaft und Öl vermischen.

Garflüssigkeit auffangen, zurück in den Topf geben, etwas einkochen lassen und mit dem Blumenkohl vermischen. Blumenkohlsalat mit Zitronensaft, Salz und Pfeffer abschmecken und abkühlen lassen.

Tomaten in kleine Würfel schneiden. Knoblauch fein hacken. Tomaten und Knoblauch mit Apfelessig, Salz und Pfeffer vermischen und etwas Saft ziehen lassen.

Blumenkohlsalat ins Glas füllen, zuerst das Tomatendressing, dann den Feldsalat darauf geben.

Pro Portion: 283 kcal, 7 g E, 11 g F, 38 g KH, 0 mg Chol

Kartoffelsalat mit Gurken, Dill und Feldsalat

Für 2 Portionen

400 g festkochende Kartoffeln

1 kleine Zwiebel

300 g Gurken

½ Bund Dill

100 g Feldsalat

Dazu: 2 EL Apfelessig, 1 EL Öl,
150 ml heiße Gemüsebrühe,
Salz, Pfeffer

Kartoffeln in der Schale weich dämpfen, abkühlen lassen, abziehen, in dünne Scheiben schneiden.

Zwiebel fein hacken. Kartoffeln mit Zwiebel, Essig, Öl und Gemüsebrühe vermischen. Salat mit Salz und Pfeffer abschmecken, etwas durchziehen lassen.

Gurken in sehr dünne Scheiben schneiden, Dill fein hacken.

Gurken und Dill mit dem Kartoffelsalat vermischen.

Kartoffel-Gurken-Salat ins Glas geben, darauf den Feldsalat schichten.

Tipps

Kräutervielfalt

Im Sommer schmeckt dieser herzhafte Salat auch mit Minze und Basilikum.

Pro Portion: 141 kcal, 3 g E, 6 g F, 19 g KH, 0 mg Chol

Tomaten–Melonen–Salat mit Minze

Für 2 Portionen

Tomaten und Melone in kleine Würfel, Basilikum in feine Streifen schneiden. Kopfsalat in mundgerechte Stücke teilen.

Tomaten, Melonen, Basilikum, Zitronensaft, Olivenöl, Salz und Pfeffer vermischen. Tomaten-Melonen-Salat mit Salz und Pfeffer abschmecken, in Gläser füllen, Kopfsalat obenauf geben.

250 g Tomaten
250 g Zuckermelonen
½ Bund Basilikum
½ Kopfsalat
2 EL Zitronensaft

Dazu: 1 EL Olivenöl, Salz, Pfeffer

Melonen-Gurken-Salat mit Minze
Auch das schmeckt: Statt mit Tomaten und Basilikum den Salat mit Gurken und Minze zubereiten – ergibt eine erfrischende Mahlzeit für heiße Sommertage. Am besten dafür kleine Gärtnergurken verwenden, denn die haben mehr Aroma.
Diese Salate schmecken mit allen Melonensorten hervorragend.

Pro Portion: 160 kcal, 4 g E, 5 g F, 24 g KH, 0 mg Chol

Rote-Bete-Salat mit Ananas und Kokosdressing

Für 2 Portionen

300 g Rote Bete
½ Bio-Zitrone
50 ml Kokosmilch
100 g Ananas
150 g gemischte Salatblättchen

Dazu: 100 ml Gemüsebrühe,
Salz, Pfeffer

Rote Bete in reichlich Wasser bissfest kochen (oder im Schnellkochtopf über Wasserdampf garen). Rote Bete etwas abkühlen lassen, abziehen, in sehr dünne Scheiben schneiden.

Zitronenschale abreiben, Zitrone auspressen

Für das Dressing Kokosmilch, Gemüsebrühe und Zitronenschale aufkochen. 2 EL Zitronensaft dazugeben und alles mit dem Mixstab vermischen. Rote Bete mit dem Dressing vermischen. Salat mit Salz, Pfeffer und Zitronensaft abschmecken.

Ananas in kleine Stücke schneiden. Salatblättchen in mundgerechte Stücke teilen.

Rote-Bete-Salat ins Glas geben, darauf Ananas und Salatblättchen schichten.

WICHTIG

Maßangaben gelten in allen Rezepten für geputztes Gemüse und geputzte Früchte

Pro Portion: 284 kcal, 7 g E, 6 g F, 47 g KH, 0 mg Chol

Kartoffelsalat mit Apfel, Stangensellerie und Heidelbeeren und Chicoree

Für 2 Portionen

400 g festkochende Kartoffeln
1 saftiger, säuerlicher Apfel
4 Stängel Stangensellerie
125 g Heidelbeeren
2 Stauden (roten) Chicoree

Dazu: 1 ½ EL Essig, 1 EL Öl,
150 ml heiße Gemüsebrühe, Salz,
Pfeffer

Kartoffeln in der Schale weich dämpfen, abkühlen lassen, abziehen, in dünne Scheiben schneiden.

Kartoffeln mit Essig, Öl und Gemüsebrühe vermischen. Kartoffelsalat mit Salz und Pfeffer abschmecken, etwas durchziehen lassen.

Stangensellerie in feine Scheiben schneiden. Apfel grob raspeln. Chicoree in feine Ringe schneiden.

Kartoffelsalat mit den Äpfeln vermischen. Salat mit Essig, Salz und Pfeffer abschmecken und ins Glas geben. Obenauf Heidelbeeren und Chicoree schichten.

Pro Portion: 198 kcal, 8 g E, 15 g F, 8 g KH, 0 mg Chol

Spargel-Avocado-Salat

Für 2 Portionen

Spargel in 3 cm kurze Stücke schneiden. Ein Stück Zitronenschale abschneiden (ca. 3 cm x 3 cm). Zitrone auspressen.

500 ml Wasser mit Zitronenschale und Salz zum Kochen bringen. Spargel darin in ca. 8 Minuten bissfest garen.

Spargel abgießen, Kochwasser auffangen. 100 ml Spargelkochwasser mit 2 EL Zitronensaft verrühren. Spargel damit vermischen und abkühlen lassen.

Avocado in kleine Würfel oder kleine Spalten schneiden, mit 2 EL Zitronensaft vermischen. Petersilie fein hacken. Endiviensalat fein schneiden.

Marinierten Spargel mit Salz, Pfeffer und Zitronensaft abschmecken, Petersilie untermischen. Spargelsalat ins Glas füllen, darauf Avocado und Endiviensalat schichten.

500 g weißer Spargel
1 Bio-Zitrone
1 reife Avocado
½ Bund Petersilie
½ Endiviensalat

Dazu: Salz, Pfeffer

Tipps

Schlaue Resteverwertung
Übriges Spargelkochwasser für eine Gemüsesuppe verwenden. Das bringt den zusätzlichen Entwässerungskick!

Pro Portion: 160 kcal, 8 g E, 2 g F, 27 g KH, 0 mg Chol

Brokkoli–Birnen–Salat mit Rosinen und Erdnussdressing

Für 2 Portionen

400 g Brokkoli
2 saftige Birnen
1 Bio–Zitrone
1 TL Rosinen
1 TL Erdnussmus (100 % Nuss)

Dazu: Salz, Pfeffer

Brokkoli in kleine Röschen teilen und zugedeckt in einem Siebeinsatz über Wasserdampf bissfest garen.

Birnen in kleine Stückchen schneiden. Schale von ¼ Zitrone abreiben. Zitrone auspressen. Birnen mit 3 EL Zitronensaft vermischen.

50 g Birnen, 100 ml Wasser, Zitronenschale, Erdnussmus und 2 EL Zitronensaft mit dem Mixstab zu einem glatten Dressing pürieren. Erdnuss-Birnen-Dressing mit Salz und Pfeffer abschmecken.

Brokkoli ins Glas geben, darauf restliche Birnen und Rosinen schichten. Dressing getrennt verpacken. Salat erst unmittelbar vor dem Essen mit dem Dressing vermischen.

Pro Portion: 156 kcal, 4 g E, 5 g F, 21 g KH, 0 mg Chol

Karottensalat mit Mandarinen, Rucola und Cashewnüssen

Für 2 Portionen

300 g Karotten
½ Bio-Zitrone
2 Mandarinen
1 EL Cashewnüsse
150 g Rucola

Dazu: ½ EL Öl, Salz, Pfeffer

Karotten in dünne Scheiben schneiden. Schale von ¼ Zitrone abreiben. 3 EL Zitronensaft auspressen. Mandarinen in kleine Stücke schneiden. Cashewnüsse grob hacken.

200 ml Wasser zum Kochen bringen. Karotten dazugeben, mit Zitronenschale, Salz und Pfeffer würzen. Karotten in ca. 5 Minuten bissfest garen.

Karotten in ein Sieb abgießen. Garflüssigkeit auffangen.

Karotten mit 2 EL Zitronensaft und Öl vermischen. Garflüssigkeit etwas einköcheln lassen, mit Karotten, Mandarinen und Cashewnüssen vermischen.

Salat mit Salz, Pfeffer und Zitronensaft abschmecken und abkühlen lassen.

Karottensalat ins Glas geben, Rucola darauf schichten.

Pro Portion: 126 kcal, 6 g E, 6 g F, 12 g KH, 0 mg Chol

Bohnensalat mit Tomatendressing

Für 2 Portionen

Grüne Bohnen längs halbieren, in 3 cm lange Stücke schneiden. Zwiebel fein hacken.

Bohnen zugedeckt in einem Siebeinsatz über Wasserdampf ca. 7 Minuten garen. Die Bohnen sollen weich sein, aber noch einen leichten Biss haben.

Die heißen Bohnen mit Zwiebel, Apfelessig und Olivenöl vermischen. Bohnensalat mit Salz und Pfeffer abschmecken und abkühlen lassen.

Für das Dressing die Tomaten in sehr kleine Würfel schneiden. Knoblauch fein hacken. Basilikum fein schneiden.

Tomaten, Knoblauch, Basilikum vermischen. Tomatendressing mit Salz und Pfeffer würzen und etwas Saft ziehen lassen.

Bohnensalat mit dem Tomatendressing vermischen. Salat mit Salz und Pfeffer abschmecken.

300 grüne (TK-)Bohnen
½ Zwiebel
300 g Tomaten
1 Knoblauchzehe
½ Bund Basilikum

Dazu: 2 EL Apfelessig, 1 EL Olivenöl, Salz, Pfeffer

Pro Portion: 305 kcal, 9 g E, 6 g F, 51 g KH, 0 mg Chol

Kartoffelsalat mit marinierten Ofentomaten

Für 2 Portionen

400 g festkochende Kartoffeln

1 kleine Zwiebel

4 Tomaten

½ Bund Basilikum

150 g Rucola

Dazu: 2 EL Apfelessig,
1 ½ EL Olivenöl, 150 ml heiße
Gemüsebrühe, Salz, Pfeffer

Kartoffeln in der Schale weich dämpfen, abkühlen lassen, abziehen, in dünne Scheiben schneiden.

Zwiebel fein hacken. Kartoffeln mit Zwiebeln, Essig, 1 EL Öl und Gemüsebrühe vermischen.

Salat mit Salz und Pfeffer abschmecken, etwas durchziehen lassen.

Backofen auf 120 °C Ober-/Unterhitze (Umluft 100 °C) vorheizen.

Tomaten kurz in kochendes Wasser legen, abtropfen lassen, die Haut abziehen.

Tomaten halbieren, mit der Schnittfläche nach oben auf ein Backblech legen und im vorgeheizten Ofen 60 Minuten trocknen lassen. Tomaten mit ½ EL Olivenöl beträufeln, leicht salzen, abkühlen lassen. Basilikum fein schneiden.

Kartoffelsalat ins Glas geben und darauf die marinierten Tomaten schichten. Basilikum und Rucola darauf streuen.

Pro Portion: 138 kcal, 6 g E, 6 g F, 15 g KH, 0 mg Chol

Salat von gegrillten Auberginen mit Tomaten-Aprikosen-Dressing

Für 2 Portionen

600 g Auberginen

2 Tomaten

2 getrocknete Softaprikosen

1 Prise Zimt

1 Bund Basilikum

Dazu: 1 EL Olivenöl,
½ EL Apfelessig, Salz, Pfeffer

Backofen auf 200 °C Ober-/ Unterhitze (Umluft 180 °C) vorheizen. Backblech mit Backpapier belegen.

Auberginen in 1 cm dünne Scheiben schneiden. Auberginenscheiben nebeneinander auf das Backblech legen, leicht salzen, mit ½ EL Olivenöl beträufeln, im vorgeheizten Ofen 10 Minuten garen. Auberginen umdrehen, leicht salzen und weitere 10 Minuten braten.

Tomaten in sehr kleine Würfel schneiden. Aprikosen in sehr kleine Stücke schneiden. Tomaten und Aprikosen mit Zimt, restlichem Öl, Essig, Salz und Pfeffer vermischen. Dressing etwas Saft ziehen lassen.

Basilikum fein schneiden, mit dem Tomaten-Aprikosen-Dressing vermischen.

Auberginen abwechselnd mit dem Tomaten-Aprikosen-Dressing ins Glas schichten.

Auberginen in gleichmäßige Scheiben schneiden geht ganz einfach mit der Brotschneidemaschine!

Pro Portion: 183 kcal, 4 g E, 15 g F, 9 g KH, 0 mg Chol

Avocado–Karotten–Salat mit Gurkendressing

Für 2 Portionen

Die Schale von ¼ Bio-Zitrone abreiben.
3 EL Zitronensaft auspressen

Gurke grob raspeln, mit 1 EL Zitronensaft und einer Prise Salz vermischen. Saft ziehen lassen.

Avocado in kleine Würfel schneiden, sofort mit Zitronenschale und 2 EL Zitronensaft vermischen.

Karotten raspeln. Avocado und Karotten mit dem Gurkendressing vermischen. Mit Salz und Pfeffer abschmecken.

Endiviensalat fein schneiden.

Avocado-Karotten-Salat ins Glas geben. Endiviensalat darauf schichten.

½ Bio–Zitrone
300 g Gurke
1 Avocado
150 g Karotten
½ Endiviensalat

Dazu: Salz, Pfeffer

Pro Portion: 176 kcal, 9 g E, 8 g F, 15 g KH, 0 mg Chol

Spinatsalat mit Mango, Seidentofu und Karotten–Mango–Dressing

Für 2 Portionen

2 Frühlingszwiebeln
1 Mango
150 ml Karottensaft
150 g Seidentofu
250 g junger Spinat

Dazu: 1 EL Öl, 1 EL Apfelessig,
Salz, Pfeffer

Frühlingszwiebeln in feine Ringe, Mango in feine Scheibchen schneiden.

50 g Mango, Karottensaft, Öl und Apfelessig mit dem Mixstab zu einem glatten Dressing pürieren. Dressing mit Salz und Pfeffer abschmecken.

Ins Glas zuerst den Spinat, darauf die restlichen Mangoscheiben und die Frühlingszwiebeln schichten. Den Seidentofu obenauf geben.

Karotten-Mango-Dressing getrennt verpacken, kurz vor dem Essen den Salat mit dem Dressing vermischen.

Seidentofu hat eine weiche, cremige Konsistenz und einen angenehmen milden Geschmack. Er wird auf Salate, in Suppen und auf Fruchtig-Süßes gelöffelt.

Pro Portion: 157 kcal, 6 g E, 3 g F, 23 g KH, 0 mg Chol

Fenchel–Orangen–Salat mit Datteln und Endivien

Für 2 Portionen

2 Bio-Orangen
2 Fenchelknollen
2 getrocknete Datteln
½ Endiviensalat
½ Bund Petersilie

Dazu: 1 EL Öl, 1 EL Apfelessig,
Salz, Pfeffer

Schale von ½ Orange abreiben. 1 Orange auspressen. 1 Orange in kleine Stücke schneiden. Für das Dressing Orangensaft, Orangenschale, Öl und Essig verrühren. Dressing mit Salz und Pfeffer abschmecken.

Fenchel in sehr feine Streifen schneiden. Datteln in sehr feine Streifen schneiden. Petersilie fein hacken. Fenchel, Orangenstücke, Datteln und Petersilie mit dem Dressing vermischen.

Endiviensalat fein schneiden.

Fenchel-Orangen-Salat ins Glas geben. Darauf den Endiviensalat schichten.

Pro Portion: 162 kcal, 7 g E, 6 g F, 19 g KH, 0 mg Chol

Trauben-Rucola-Salat mit gebratenen, marinierten Pilzen

Für 2 Portionen

Kräuterseitlinge in feine Scheiben schneiden. Schale von ¼ Zitrone abreiben. 3 EL Zitronensaft auspressen. Minze fein schneiden.

Öl in einer beschichteten Pfanne erhitzen. Pilze darin unter Rühren kurz braten, mit Salz und Pfeffer würzen, mit 2 EL Zitronensaft vermischen.

Pilze abkühlen lassen, Minze untermischen. Salat mit Zitronensaft abschmecken und ins Glas geben, darauf Trauben und Rucola schichten.

400 g Kräuterseitlinge
½ Bio-Zitrone
1 Zweigchen frische Minze
200 g blaue Trauben
100 g Rucola

Dazu: 1 EL Öl, Salz, Pfeffer

Besonders fein gelingt dieser Salat mit frischen Steinpilzen. Er schmeckt aber auch mit Austernpilzen und Champignons.

Pro Portion: 141 kcal, 10 g E, 6 g F, 11 g KH, 0 mg Chol

Marinierte Champignons mit Tomaten und Feldsalat

Für 2 Portionen

500 g kleine Champignons
1 Bund Petersilie
2 Frühlingszwiebeln
250 g Kirschtomaten
100 g Feldsalat

Dazu: 1 EL Olivenöl, 2 EL Apfelessig, Salz, Pfeffer

Backofen auf 200 °C Ober-/ Unterhitze (Umluft 180 °C) vorheizen.

Kleine Champignons ganz lassen, große Champignons halbieren.

Petersilienblättchen abzupfen, fein hacken. Petersilienstängel fein schneiden.

Champignons in eine ofenfeste Form geben. Petersilienstängel, Olivenöl, 2 EL Wasser, Salz und Pfeffer verrühren. Champignons mit der Marinade vermischen. Die Form gut verschließen.

Champignons im vorgeheizten Ofen 20 Minuten schmoren. (Dabei bildet sich reichlich aromatischer Pilzsaft.)

Champignons mit Apfelessig vermischen, mit Salz und Pfeffer abschmecken und abkühlen lassen.

Inzwischen die Frühlingszwiebeln in feine Ringe schneiden. Tomaten halbieren.

Marinierte Champignons mit gehackter Petersilie und Frühlingszwiebeln vermischen, ins Glas geben, darauf Tomaten und Feldsalat schichten.

Pro Portion: 224 kcal, 7 g E, 5 g F, 37 g KH, 0 mg Chol

Karotten–Sellerie–Salat mit Maroni

Für 2 Portionen

Sellerie und Karotten in sehr dünne Scheibchen schneiden. Ein Stück Zitronenschale (2 cm x 3 cm) dünn abschneiden. Zitrone auspressen.

Gemüsebrühe mit der Zitronenschale und 1 EL Zitronensaft zum Kochen bringen. Sellerie und Karotten dazugeben und in ca. 10 Minuten weich mit Biss köcheln lassen.

Karotten und Sellerie in ein Sieb abgießen. 250 ml Garflüssigkeit für das Dressing abmessen, mit Öl und 1 EL Zitronensaft vermischen. (Restliche Garflüssigkeit für eine Suppe verwenden.)

Karotten und Sellerie mit dem Dressing vermischen. Salat mit Zitronensaft, Salz und Pfeffer abschmecken und abkühlen lassen.

Endiviensalat fein schneiden.

Karotten-Sellerie-Salat in Gläser verpacken. Maroni und Endiviensalat darauf schichten.

250 g Knollensellerie
250 g Karotten
½ Zitrone
½ Endiviensalat
150 g gekochte Maroni
    (TetraPak, Dose)

Dazu: 500 ml Gemüsebrühe,
1 TL Öl, Salz, Pfeffer

Tipps

Praktische Maroni
Esskastanien gibt es das ganze Jahr fertig gegart im TetraPak oder in der Dose zu kaufen.

Pro Portion: 150 kcal, 14 g E, 6 g F, 10 g KH, 0 mg Chol

Sprossen–Pilz–Salat mit Radicchio

Für 2 Portionen

2 Karotten
2 Frühlingszwiebeln
200 g Kräuterseitlinge
150 g Sojasprossen
1 Radicchio

Dazu: 1 EL ÖL, 1 ½ EL Apfelessig, Pfeffer

Karotten grob raspeln (oder mit dem Spargelschäler in feine Streifen schneiden).

Frühlingszwiebeln in feine Ringe und Pilze in Scheiben schneiden. Radicchio in mundgerechte Stücke zupfen.

½ EL Öl in einer beschichteten Pfanne erhitzen. Pilze darin unter Rühren kurz braten, leicht salzen und pfeffern, aus der Pfanne nehmen. Restliches Öl erhitzen, Sprossen darin kurz unter Rühren braten.

Sprossen und Pilze mit Essig vermischen, mit Salz und Pfeffer abschmecken. Frühlingszwiebeln untermischen.

Karotten ins Glas geben, Sprossen-Pilz-Salat und den Radicchio darauf schichten.

Pilzvielfalt genießen
Probieren Sie diesen Salat auch mit würzigen Shiitake-Pilzen, Steinpilzen, Champignons oder Austernpilzen.

Pro Portion: 295 kcal, 12 g E, 9 g F, 40 g KH, 0 mg Chol

Sauerkrautsalat mit Kartoffeln, Apfel und Räuchertofu

Für 2 Portionen

200 g festkochende Kartoffeln

100 g Räuchertofu

300 g Sauerkraut

1 kleine Zwiebel

1 saftiger, säuerlicher Apfel

Dazu: 200 ml Gemüsebrühe,
1 EL Öl, Salz, Pfeffer

Kartoffeln in kleine Würfel schneiden, Gemüsebrühe zum Kochen bringen. Die Kartoffeln darin bissfest garen. Die Kartoffeln dürfen aber nicht zerfallen. Kartoffeln in der Gemüsebrühe abkühlen lassen.

Tofu in kleine Würfel schneiden. ½ EL Öl in einer beschichteten Pfanne erhitzen, Tofu darin rundum knusprig braun braten, leicht salzen.

Sauerkraut fein zerpflücken. Zwiebeln fein hacken. Sauerkraut, Zwiebeln, Räuchertofu, Kartoffeln, Gemüsebrühe und Öl vermischen.

Apfel grob reiben, mit dem Sauerkrautsalat vermischen. Salat mit Salz und Pfeffer abschmecken.

Pro Portion: 163 kcal, 4 g E, 6 g F, 22 g KH, 0 mg Chol

Karotten–Sellerie–Granatapfel–Salat mit Mandarinen–Senf–Dressing

Für 2 Portionen

Mandarinen auspressen. Mandarinensaft, Öl und Senf verrühren. Dressing mit Salz und Pfeffer abschmecken.

Karotten und Sellerie fein reiben, mit dem Dressing vermischen. Granatapfelkerne auslösen.

Karotten-Sellerie-Salat ins Glas geben. Granatapfelkerne darauf streuen.

2 Mandarinen
1 EL Senf
300 g Karotten
200 g Knollensellerie
1 Granatapfel

Dazu: 1 EL Öl, Salz, Pfeffer

Granatapfelkerne auslösen

So machen Sie sich dabei die Hände nicht schmutzig: Schale des Granatapfels rundum leicht anschneiden. Damit die Kerne ganz bleiben, den Granatapfel zuerst in zwei Hälften, dann in mehrere Segmente auseinanderbrechen. Die Kerne mit den Fingern vorsichtig auslösen.

Pro Portion: 285 kcal, 15 g E, 10 g F, 34 g KH, 0 mg Chol

Kartoffelsalat mit Radieschen, Räuchertofu und Endivien

Für 2 Portionen

400 g festkochende Kartoffeln

1 kleine Zwiebel

150 g Räuchertofu

6 Radieschen

½ Endiviensalat

Dazu: 2 EL Apfelessig, 1 EL Öl,
150 ml heiße Gemüsebrühe, Salz,
Pfeffer

Kartoffeln in der Schale weich dämpfen, abkühlen lassen, abziehen, in dünne Scheiben schneiden. Zwiebel fein hacken.

Kartoffeln mit Zwiebel, Essig, Öl und Gemüsebrühe vermischen. Kartoffelsalat mit Salz und Pfeffer abschmecken, etwas durchziehen lassen.

Räuchertofu sehr klein würfeln. Radieschen in dünne Scheiben, Endiviensalat in feine Streifen schneiden.

Kartoffelsalat ins Glas geben und darauf Räuchertofu, Radieschen und Endiviensalat schichten.

Der Kartoffelsalat wird mit reichlich heißer Gemüsebrühe zubereitet und ist darum besonders saftig.
Räuchertofu, Radieschen und Endivien erst kurz vor dem Essen mit dem Kartoffelsalat vermischen.
Würzig pikante Tofuzubereitungen gibt es in großer Auswahl im Supermarkt oder im Naturkostgeschäft. Dieser herzhafte Salat schmeckt auch mit Chili-Tofu, Kräuter- oder Currytofu.

Suppen

Pro Portion: 269 kcal, 10 g E, 7 g F, 40 g KH, 0 mg Chol

Gazpacho

Für 2 Portionen

300 g Kartoffeln
1 kg sonnenreife Tomaten
2 Knoblauchzehen
200 g Gurke
2 kleine Paprika-
   schoten (rot und gelb)

Dazu: 1 EL Olivenöl, Salz, Pfeffer

Kartoffeln in kleine Stücke schneiden. Salzwasser zum Kochen bringen, Kartoffeln darin weich kochen, in ein Sieb abgießen und abtropfen lassen.

Inzwischen die Tomaten in grobe Stücke schneiden, Knoblauch hacken. Gurke und Paprikaschote in sehr kleine Stücke schneiden.

Kartoffeln, Tomaten, Knoblauch und Olivenöl im Mixglas oder mit dem Mixstab zu einer cremigen kalten Suppe pürieren. Gazpacho mit Salz und Pfeffer abschmecken.

Gazpacho im Glas verschließen. Gurken und Paprika getrennt verpacken und kurz vor dem Essen über die Gazpacho streuen.

WICHTIG

Maßangaben gelten in allen Rezepten für geputztes Gemüse und geputzte Früchte.

Pro Portion: 214 kcal, 6 g E, 7 g F, 31 g KH, 0 mg Chol

Kalte Gurkensuppe mit Dill

Für 2 Portionen

300 g Kartoffeln

700 g Gurke

2 Knoblauchzehen

¼ Bund Dill

4 EL Sojasahne

Dazu: 300 ml Gemüsebrühe, Salz, Pfeffer

Kartoffeln in kleine Stücke schneiden. Gemüsebrühe mit den Kartoffeln zum Kochen bringen. Kartoffeln zugedeckt weich kochen, abkühlen lassen.

Gurke in kleine Stücke schneiden, Knoblauch und Dill fein hacken.

Mit dem Mixstab aus Kartoffeln, Gemüsebrühe, Gurke, Knoblauch und Sojasahne eine cremige Suppe mixen.

Gurkensuppe mit Salz und Pfeffer abschmecken, Dill untermischen.

Kühltransport
Die Gurkensuppe im Glas in der Kühltasche mitnehmen, am Besten mit einem Kühlelement. Dann stimmt die Erfrischung in der Mittagspause!

Pro Portion: 196 kcal, 6 g F, 7 g E, 27 g KH, 0 mg Chol

Kalte Kartoffel–Lauch–Basilikum–Suppe

Für 2 Portionen

Kartoffeln in kleine Stücke, Lauch in feine Ringe schneiden.

Gemüsebrühe zum Kochen bringen. Kartoffeln, Lauch und Muskat dazugeben, zugedeckt 7 Minuten köcheln lassen. Das Gemüse soll weich sein, aber nicht zerfallen.

Sojasahne dazugeben. Suppe mit dem Mixstab fein pürieren und abkühlen lassen.

Basilikum fein schneiden. Suppe mit Salz, Pfeffer und Muskat abschmecken. Basilikum unterrühren.

300 g Kartoffeln
300 g Lauch
frisch geriebene Muskatnuss
4 EL Sojasahne
½ Bund Basilikum

Dazu: 1 l Gemüsebrühe, Salz, Pfeffer

Pro Portion: 203 kcal, 10 g E, 6 g F, 26 g KH, 0 mg Chol

Blumenkohlsuppe mit zweierlei Petersilie

Für 2 Portionen

1 große Zwiebel
200 g Kartoffeln
150 g Petersilienwurzel
400 g Blumenkohl
½ Bund Petersilie

Dazu: 1 EL Öl, 1,2 l Gemüsebrühe, Salz, Pfeffer

Zwiebel fein hacken. Kartoffeln und Petersilienwurzel in feine Scheibchen schneiden. Blumenkohl in kleine Röschen teilen. Petersilienblättchen abzupfen und fein hacken. Petersilienstängel fein schneiden.

Öl in einem beschichteten Topf erhitzen. Zwiebel darin bei milder Hitze weich und glasig dünsten.

Kartoffeln und Petersilienwurzel dazugeben, leicht salzen und unter Rühren braten, bis die Kartoffeln stellenweise leicht bräunen.

Mit Gemüsebrühe aufgießen. Suppe zum Kochen bringen. Zugedeckt 7 Minuten köcheln lassen.

Blumenkohl und Petersilienstängel untermischen. Suppe 7 Minuten zugedeckt köcheln lassen.

Suppe mit dem Mixstab fein pürieren, Petersilie untermischen, mit Salz und Pfeffer abschmecken.

Pro Portion: 160 kcal, 10 g F, 6 g E, 16 g KH, 0 mg Chol

Spargel–Pilze–Suppe

Für 2 Portionen

Kartoffel in kleine Stücke, Lauch in Ringe schneiden. Spargel in kleine Stücke und Champignons in dünne Scheiben schneiden. Zitronenschale abreiben. 2 EL Zitronensaft auspressen.

Gemüsebrühe mit Kartoffeln und Öl zum Kochen bringen und ca. 7 Minuten köcheln lassen.

Lauch, Spargel, Champignons und Zitronenschale unterrühren. Suppe zugedeckt ca. 7 Minuten weiter zugedeckt köcheln lassen.

Suppe mit dem Mixstab fein pürieren, mit Zitronensaft, Salz und Pfeffer abschmecken.

1 Kartoffel
200 g Lauch
400 g weißer Spargel
200 g Champignons
¼ Bio-Zitrone

Dazu: 1 EL Öl, 1,3 l Gemüsebrühe, Salz, Pfeffer

Schön schneiden für eine klare Suppe
Wer diese Frühlingssuppe klar genießen will, schneidet Kartoffel, Spargel und Pilze schön gleichmäßig klein, so hat auch das Auge seine Freude.

Frischer Kerbel
Wenn Sie bei einem Spaziergang oder auf dem Markt auf wilden Kerbel stoßen, mischen Sie eine gute Handvoll davon fein gehackt in die Suppe.

Pro Portion: 200 kcal, 8 g E, 6 g F, 27 g KH, 0 mg Chol

Minestrone

Für 2 Portionen

200 g Kartoffeln

150 g Karotten

150 g grüne (TK-)Bohnen

200 g Lauch

4 geschälte Tomaten (Dose)

Dazu: 1 EL Olivenöl,
1,2 l Gemüsebrühe, Salz, Pfeffer

Kartoffeln in kleine Stücke und Karotten in dünne Scheiben schneiden. Grüne Bohnen längs halbieren, in kleine Stücke schneiden. Lauch in Ringe schneiden. Tomaten in kleine Stücke schneiden.

Öl in einem beschichten Topf erhitzen, Kartoffeln darin unter Rühren anbraten, leicht salzen.

Mit Gemüsebrühe aufgießen. Suppe zum Kochen bringen. Karotten und grüne Bohnen unterrühren. Suppe zugedeckt ca. 7 Minuten köcheln lassen.

Lauch und Tomaten untermischen. Suppe noch ca. 4 Minuten zugedeckt weiter köcheln lassen, mit Salz und Pfeffer abschmecken.

Ziehen Sie frisches Basilikum im Topf? Dann eine gute Handvoll abzupfen, klein schneiden und in die fertige Minestrone rühren. Jedes andere frische Kräutchen schmeckt auch, z. B. Petersilie, Oregano oder Thymian.

Eine große Schüssel Suppenglück

Viel Abwechslung – null Arbeit

Für eine wohlschmeckende Gemüsesuppe reichen 5 Zutaten, diese Erfahrung können Sie beim Basenfasten machen. Wenn Sie die Rezepte aber öfters kochen und auch nach dem Basenfasten essen wollen, dann kann Abwechslung nicht schaden. Durch raffinierte Würzmischungen schmeckt ein und dieselbe Suppe ganz unterschiedlich. Zum Beispiel der Suppentopf mit Lauch, Karotten, Kartoffeln und Kohlrabi (S. 89). Wird dieser mit Liebstöckel, Muskat und Piment gewürzt, schmeckt er ganz vertraut, wie frisch gekocht aus Omas Küche. Verfeinern Sie das Süppchen jedoch mit Ingwer, Fenchel und ein paar Tropfen Sojasauce kommt ein Hauch Asien in die Suppe. Auch die Tomaten-Süßkartoffel-Suppe (S. 88) lädt zu Variationen ein. Wird sie mit Oregano, Thymian und Rosmarin verfeinert, grüßt das Mittelmeer, kommt Koriander, Zimt und Kardamom in den Suppentopf machen Sie eine kulinarische Reise in den Orient. Jeden Tag eine neue Suppe, der Griff ins Gewürzregal macht's möglich und überhaupt keine Arbeit.

Kräuter bringen Basenpower

Ob Petersilie, Basilikum oder Minze – frische Kräuter sind stark basenbildend. Von den zarten Blättchen können Sie darum nicht genug bekommen. So ist z. B. Petersilie das ganze Jahr über verfügbar und ein Star unter den basenbildenden Naturprodukten. Gleich einen ganzen Bund davon in die Suppe mixen oder die Blättchen abzupfen und unter den Salat mischen. Erwünschter Nebeneffekt: Die Speisen gewinnen durch das Kräuteraroma, und Sie sind auch vor dem nächsten Schnupfen gut geschützt, enthält Petersilie doch mehr Vitamin C als Orangen.

Suppe to go – so sichern Sie die Qualität

Gemüse ist empfindlich. Geschmack, Farbe, aber auch Vitamine und bioaktive Pflanzenstoffe leiden durch zu langes Erhitzen. Die Garzeiten für die Gemüsesuppe to go sind darum etwas kürzer bemessen. Denn durch längeres Warmhalten, aber auch durch das Wiederaufwärmen gart das Gemüse nach. Darum ist es auch empfehlenswert, die Suppe vor dem Transport rasch abzukühlen, wenn Sie am Arbeitsplatz eine Möglichkeit zum Aufwärmen haben.

Sodbrennen ist kein Zeichen für eine Übersäuerung des Organismus

Steigt Magensäure in die Speiseröhre auf, spricht man von Sodbrennen. Zu schnelles Essen, Stress, zu viel Alkohol oder Nikotin können dieses Zuviel an Magensäure verursachen. Wenn Sie öfters Sodbrennen oder Magenschmerzen haben, sollten Sie einen Arzt konsultieren.

Im Gleichgewicht bleiben

Nach dem Basenfasten steht selbstverständlich und ganz nach ihrem Appetit wieder Eiweißreiches auf Ihrem Speiseplan: Getreide, Hülsenfrüchte, aber auch Milchprodukte, Fisch, Fleisch und Geflügel. Trotzdem können Sie in der Säure-Basen-Balance bleiben. Auf der »basensicheren« Seite sind sie, wenn das Essen hauptsächlich pflanzlich ist. Die Säurebildung aus 100 g Hartweizengrießspaghetti (ungekocht) wird bereits durch 200 g Tomaten und 10 g frisches Basilikum ausgeglichen. Sie bleiben jedoch auch im Basenplus, wenn Sie kleinere Portionen Fleisch, Fisch oder Käse mit reichlich Salat, Gemüse, Kartoffeln und frischen Früchten zum Dessert kombinieren, z. B. 100 g Rumpsteak mit 50 g Feldsalat, 150 g Kartoffeln, 100 g Brokkoli und 100 g Erdbeeren.

Die Säure-Basen-Bilanz rechnet sich über den ganzen Tag. Wenn Sie also bei einem Essen nicht ins Gleichgewicht kommen, dann können Sie das mit frischen Früchten zwischendurch, einem Smoothie und einer Gemüsesuppe als Hauptgericht wieder ausgleichen. Dazu ein Tipp: Mit dem Säure-Basen-Rechner lässt sich ganz einfach berechnen, ob ein Essen in der Säure-Basen-Balance ist. Sie finden dieses praktische Instrument unter: http://www.saeure-basen-forum.de

Wenn Sie einzelne oder alle Mahlzeiten des Tages in den Rechner eingeben, bekommen Sie schon nach kurzer Zeit ein Gespür für eine »basensichere« Zusammensetzung des Essens und Sie wählen ganz automatisch die entsprechenden Zutaten.

Die wunderbare Restesuppe

Für 2 Portionen
Pro Portion: ca. 200 kcal

1 Zwiebel
200 g Kartoffeln
600 g Gemüsereste
½ Bund Kräuter

Dazu: 1 EL Öl,
1,2 l Gemüsebrühe,
Salz, Pfeffer

Zwiebel fein hacken. Kartoffeln in Stücke schneiden. Gemüse ihrer Garzeit entsprechend klein schneiden (harte Gemüse etwas kleiner, weiche etwas größer). Kräuter fein hacken.

Öl in einem beschichteten Topf erhitzen. Zwiebel darin bei milder Hitze weich und glasig dünsten. Kartoffeln dazugeben, unter Rühren braten, bis sich die Kartoffeln stellenweise goldbraun färben.

Mit Gemüsebrühe aufgießen. Suppe zum Kochen bringen. Zugedeckt 8 Minuten köcheln lassen. Gemüse in die Suppe geben, ca. 5 Minuten köcheln lassen. Petersilie untermischen, Suppe mit Salz und Pfeffer abschmecken.

Klar oder cremig, das ist hier die Frage

Sie können die wunderbare Restesuppe oder auch andere Suppenrezepte mit dem Mixstab fein pürieren oder sie als klaren Suppentopf genießen. Ist Letzteres der Fall, sollten sie allerdings die Gemüsestückchen besonders gleichmäßig schneiden. Bitte beachten Sie: Soll auch Spinat in die Suppe, dann die zarten Blättchen erst zum Schluss zufügen und nur einen Moment erhitzen.

Pro Portion: 210 kcal, 6 g E, 6 g F, 31 g KH, 0 mg Chol

Tomaten–Süßkartoffel–Suppe

Für 2 Portionen

1 Zwiebel
2 Knoblauchzehen
300 g Süßkartoffeln
600 g Tomatenstücke
    (Dose, TetraPak)
1 Bund Basilikum

Dazu: 1 EL Olivenöl,
800 ml Gemüsebrühe, Salz,
Pfeffer

Zwiebel und Knoblauch fein hacken, Süßkartoffeln in kleine Stücke schneiden.

Olivenöl in einem beschichteten Topf erhitzen. Zwiebel darin bei milder Hitze weich und glasig dünsten.

Knoblauch und Süßkartoffeln untermischen, leicht salzen, unter Rühren kurz anbraten.

Mit Gemüsebrühe aufgießen. Suppe zum Kochen bringen. Süßkartoffeln in ca. 10 Minuten zugedeckt weich köcheln lassen.

Tomaten untermischen. Suppe zugedeckt weitere 5 Minuten köcheln lassen.

Inzwischen das Basilikum fein schneiden.

Suppe mit dem Mixstab fein pürieren, mit Salz und Pfeffer abschmecken, Basilikum untermischen.

Keine Umstände beim Einkaufen
Die cremige Tomatensuppe schmeckt auch mit ganz »normalen« Kartoffeln.

Pro Portion: 235 kcal, 9 g E, 6 g F, 34 g KH, 0 mg Chol

Suppentopf mit Lauch, Karotten, Kartoffeln und Kohlrabi

Für 2 Portionen

Kartoffeln und Karotten in dünne Scheiben und Kohlrabi in kleine Würfel schneiden. Lauch längs halbieren, in feine Streifen schneiden.

Öl in einem beschichteten Topf erhitzen. Kartoffeln und Karotten darin kurz unter Rühren anbraten. Mit der Gemüsebrühe aufgießen. Suppe zum Kochen bringen und zugedeckt 7 Minuten köcheln lassen.

Kohlrabi und Lauch dazugeben, zugedeckt noch ca. 5 Minuten weiter köcheln lassen.

Suppe mit Salz und Pfeffer abschmecken.

300 g Kartoffeln
200 g Karotten
200 g Kohlrabi
200 g Lauch
½ Bund Petersilie

Dazu: 1 EL Öl, 1,5 l Gemüsebrühe, Salz, Pfeffer

Pro Portion: 182 kcal, 7 g E, 6 g F, 23 g KH, 0 mg Chol

Rote Bete–Sellerie–Pastinaken–Suppe

Für 2 Portionen

1 Zwiebel

300 g Rote Bete

200 g Knollensellerie

300 g Pastinaken

½ Bio-Zitrone

Dazu: 1 EL Öl, 1,3 l Gemüsebrühe, Salz, Pfeffer

Zwiebel fein hacken. Rote Bete, Sellerie und Pastinaken in kleine Würfel schneiden.

Ein Stück Zitronenschale (2 cm x 3 cm) abschneiden. 2 EL Zitronensaft auspressen.

Öl in einem beschichteten Topf erhitzen, Zwiebel darin bei milder Hitze weich dünsten. Rote Bete, Sellerie und Pastinaken dazugeben, unter Rühren kurz anbraten.

Mit der Gemüsebrühe aufgießen, Zitronenschale dazugeben. Suppe zugedeckt ca. 12 Minuten köcheln lassen. Das Gemüse soll weich sein.

Suppe mit dem Mixstab fein pürieren, mit Zitronensaft, Salz und Pfeffer abschmecken.

Pro Portion: 180 kcal, 16 g E, 7 g F, 15 g KH, 0 mg Chol

Topinambur-Sellerie-Lauch-Suppe

Für 2 Portionen

400 g Topinambur
200 g Knollensellerie
200 g Lauch
10 g frischer Ingwer
400 ml ungesüßter Sojadrink

Dazu: 800 ml Gemüsebrühe,
Salz, Pfeffer

Topinambur und Sellerie in kleine Stücke, Lauch in feine Streifen schneiden. Ingwer fein hacken. Sie brauchen 1 TL davon.

Gemüsebrühe zum Kochen bringen. Topinambur und Sellerie darin 7 Minuten köcheln lassen.

Lauch und Ingwer untermischen. Suppe 5 Minuten köcheln lassen.

Sojadrink untermischen, weitere 2 Minuten köcheln lassen.

Suppe mit dem Mixstab fein pürieren, mit Salz und Pfeffer abschmecken.

Kein Topinambur?
Dann wird die Suppe einfach mit Kartoffeln zubereitet – das schmeckt auch köstlich!

Cremige Bindung leicht gemacht
In Asien wird ungesüßter Sojadrink auch zum Kochen pikanter Speisen verwendet. Suppen werden damit besonders cremig und sind trotzdem kalorienarm.

Pro Portion: 193 kcal, 9 g E, 6 g F, 24 g KH, 0 mg Chol

Fenchel–Karotten– Suppe mit Mandarine

Für 2 Portionen

Zwiebel fein hacken. Fenchel in kleine Stücke, Karotten in dünne Scheiben schneiden. 1 Stück Mandarinenschale (2 cm x 3 cm) abschneiden. Mandarine in kleine Stücke schneiden.

Öl in einem beschichteten Topf erhitzen. Zwiebel darin bei milder Hitze weich und glasig dünsten.

Fenchel und Karotten dazugeben, unter Rühren kurz anbraten.

Mit Gemüsebrühe aufgießen, Mandarinenschale dazugeben. Suppe zum Kochen bringen, zugedeckt 8 Minuten köcheln lassen.

Mandarinenstücke untermischen, Suppe mit dem Mixstab fein pürieren, mit Salz und Pfeffer abschmecken.

Basilikum fein schneiden, unter die Suppe rühren.

1 Zwiebel
2 Fenchelknollen
1 Bio–Mandarine
300 g Karotten
1 Bund Basilikum

Dazu: 1 EL Öl,
1 l Gemüsebrühe, Salz, Pfeffer

Pro Portion: 243 kcal, 15 g E, 7 g F, 29 g KH, 0 mg Chol

Kohlrabisuppe mit Minze

Für 2 Portionen

4 Frühlingszwiebeln
200 g Kartoffeln
500 g Kohlrabi
2 Zweigchen Minze
400 ml ungesüßter Sojadrink

Dazu: ½ EL Öl,
700 ml Gemüsebrühe,
Salz, Pfeffer

Frühlingszwiebeln in feine Ringe und Kartoffeln in kleine Stücke, Kohlrabi in dünne Scheibchen schneiden. Minzeblättchen abzupfen, fein hacken. Minzestängel in große Stücke schneiden.

Öl in einem beschichteten Topf erhitzen. Kartoffeln darin unter Rühren kurz anbraten. Mit Gemüsebrühe aufgießen. Suppe zum Kochen bringen. 8 Minuten zugedeckt köcheln lassen.

Kohlrabi und Minzestängel untermischen. Suppe zugedeckt ca. 5 Minuten köcheln lassen, bis der Kohlrabi weich, aber noch bissfest ist.

Sojadrink unterrühren. Die Suppe noch 2 Minuten weiter köcheln lassen.

Nun die Suppe mit dem Mixstab fein pürieren, mit Salz und Pfeffer abschmecken, Minzeblättchen untermischen.

Geschmacksvariationen
Suppe auch mit Petersilie, Ingwer oder Zitronenschale aromatisieren.

Pro Portion: 194 kcal, 10 g E, 6 g F, 23 g KH, 0 mg Chol

Champignon–Zucchini–Suppe

Für 2 Portionen

Zwiebel fein hacken. Die Kartoffeln in Stücke, Champignons in Scheiben schneiden. Zucchini in kleine Stücke schneiden. Petersilie fein hacken.

Öl in einem beschichteten Topf erhitzen. Zwiebel darin bei milder Hitze weich und glasig dünsten.

Kartoffeln dazugeben, unter Rühren braten, bis sich die Kartoffeln stellenweise goldbraun färben.

Mit Gemüsebrühe aufgießen. Suppe zum Kochen bringen. Zugedeckt 10 Minuten köcheln lassen.

Champignons und Zucchini in die Suppe rühren. Alles zugedeckt ca. 5 Minuten weiter köcheln lassen.

Petersilie dazugeben, Suppe mit dem Mixstab fein pürieren, mit Salz und Pfeffer abschmecken.

1 Zwiebel

200 g Kartoffeln

300 g Champignons

300 g Zucchini

½ Bund Petersilie

Dazu: 1 EL Öl,
1,2 l Gemüsebrühe, Salz, Pfeffer

Pro Portion: 183 kcal, 6 g E, 6 g F, 24 g KH, 0 mg Chol

Kürbis-Pastinaken-Orangen-Suppe

Für 2 Portionen

1 Zwiebel
300 g Pastinaken
400 g Muskatkürbis
1 Bio-Orange
½ Bund Petersilie

Dazu: 1 EL Öl,
1 l Gemüsebrühe, Salz, Pfeffer

Zwiebel fein hacken. Pastinaken und Kürbis in kleine Stücke schneiden. ¼ der Orangenschale abreiben. Orange schälen, in kleine Stücke schneiden.

Öl in einem beschichteten Topf erhitzen. Zwiebel darin zuerst bei milder Hitze weich und glasig dünsten, dann unter Rühren kurz anbraten.

Mit Gemüsebrühe aufgießen, zum Kochen bringen. Pastinaken dazugeben, zugedeckt 7 Minuten köcheln lassen.

Kürbis untermischen, zugedeckt 5 Minuten köcheln lassen. Das Gemüse soll weich sein.

Orangen und Orangenschale untermischen. Suppe einen Moment köcheln lassen, mit dem Mixstab fein pürieren, mit Salz und Pfeffer abschmecken.

Kürbisvariationen
Suppe auch mit Butternuss- oder Hokkaidokürbis zubereiten.

Pro Portion: 201 kcal, 8 g E, 6 g F, 27 g KH, 0 mg Chol

Herzhafte Misosuppe mit Ofengemüse

Für 2 Portionen

200 g Karotten

200 g Kartoffeln

2 Kohlrabi

2 Frühlingszwiebeln

2 EL Miso
   (Gersten- oder Reismiso)

Dazu: 1 EL Öl, 1,2 l schwach gesalzene Gemüsebrühe, Salz

Backofen auf 180 °C Ober/Unterhitze (Umluft 160 °C) vorheizen. Backblech mit Backpapier belegen.

Karotten in dünne Scheiben schneiden. Kartoffeln längs vierteln, in dünne Scheiben schneiden. Kohlrabi vierteln und in dünne Scheiben schneiden. Frühlingszwiebeln in feine Ringe schneiden.

In einer Schüssel Karotten, Kartoffeln und Kohlrabi mit Öl und einer Prise Salz vermischen, auf dem Backpapier verteilen und im vorgeheizten Ofen ca. 15 Minuten braten, dabei einmal umdrehen.

Gemüsebrühe zum Kochen bringen. Karotten, Kartoffeln und Kohlrabi untermischen. Suppe ca. 3 Minuten köcheln lassen. Das Gemüse soll noch einen leichten Biss haben

Miso mit 3 EL kaltem Wasser glatt rühren und unter die Suppe mischen.

Misosuppe mit Frühlingszwiebeln bestreuen

Miso – die erste Instantsuppe der Welt!

Miso, eine cremige Paste, wird in Japan seit Jahrhunderten durch natürliche Fermentation aus Sojabohnen und Getreide gewonnen. Mit Miso lassen sich blitzschnell würzige Suppen, Saucen und Aufstriche zubereiten.

Pro Portion: 245 kcal, 11 g E, 6 g F, 35 g KH, 0 mg Chol

Kohlsuppe mit Steinpilzen

Für 2 Portionen

Steinpilze in 200 ml heißem Wasser einweichen, 20 Minuten quellen lassen, in ein Sieb abgießen, Einweichwasser auffangen.

Zwiebel fein hacken, Kartoffeln in kleine Würfel, Kohl in sehr feine Streifen schneiden.

Öl in einem beschichteten Topf erhitzen. Zwiebel darin bei milder Hitze weich dünsten. Mit Gemüsebrühe aufgießen. Suppe zum Kochen bringen. Kartoffeln unterrühren, Suppe 7 Minuten köcheln lassen.

Einweichflüssigkeit, Steinpilze, Kraut und Fenchelsamen untermischen. Suppe noch ca. 7 Minuten weiter köcheln lassen, mit Salz und Pfeffer abschmecken.

20 g getrocknete Steinpilze
1 Zwiebel
300 g Kartoffeln
400 g Weißkohl
½ TL zerstoßene Fenchelsamen

Dazu: 1 l Gemüsebrühe, 1 EL Öl, Salz, Pfeffer

Pro Portion: 191 kcal, 9 g E, 6 g F, 24 g KH, 0 mg Chol

Indische Blumenkohlsuppe

Für 2 Portionen

1 große Zwiebel
200 g Kartoffeln
400 g Blumenkohl
1 Bund Petersilie
1 TL Currypulver

Dazu: 1 EL Öl,
1 l Gemüsebrühe, Salz, Pfeffer

Zwiebel fein hacken, Kartoffeln in kleine Würfel schneiden. Blumenkohl in kleine Röschen teilen. Petersilienblättchen abzupfen, fein hacken. Petersilienstängel fein schneiden.

Öl in einem beschichteten Topf erhitzen. Zwiebel darin bei milder Hitze langsam weich und glasig dünsten. Currypulver untermischen, alles kurz unter Rühren anrösten. Mit Gemüsebrühe aufgießen. Suppe zum Kochen bringen und zugedeckt 5 Minuten köcheln lassen.

Nun Kartoffeln und Petersilienstängel untermischen, zugedeckt ca. 7 Minuten köcheln lassen.

Blumenkohl unterrühren. Suppe zugedeckt noch ca. 4 Minuten weiter köcheln lassen. Der Blumenkohl soll noch einen guten Biss haben.

Indische Blumenkohlsuppe mit Salz und Pfeffer abschmecken, Petersilienblättchen untermischen.

Schmeckt klar und cremig
Mit dem Mixstab fein püriert, regt diese Suppe mit zartem Gelb den Appetit an.

Pro Portion: 191 kcal, 8 g E, 8 g F, 21 g KH, 0 mg Chol

Karotten–Mandel–Suppe

Für 2 Portionen

600 g Karotten
200 g Lauch
½ Bio-Zitrone
400 ml ungesüßter Mandeldrink
½ Bund Petersilie

Dazu: 800 ml Gemüsebrühe,
Salz, Pfeffer

Karotten in dünne Scheiben und Lauch in feine Streifen schneiden.

Zitronenschale abreiben, 1 EL Zitronensaft auspressen

Gemüsebrühe zum Kochen bringen. Karotten und Lauch dazugeben und zugedeckt in ca. 7 Minuten bissfest köcheln lassen.

Mandeldrink und Zitronenschale untermischen, Suppe kurz erhitzen, mit dem Mixstab fein pürieren, mit Zitronensaft, Salz und Pfeffer abschmecken, Petersilie unterrühren.

Pro Portion: 181 kcal, 7 g E, 6 g F, 24 g KH, 0 mg Chol

Kürbis-Paprika-Suppe

Für 2 Portionen

Zwiebel und Knoblauch fein hacken. Paprika und Kürbis in kleine Stücke schneiden. Ingwer fein hacken.

Öl in einem Topf erhitzen. Zwiebel darin bei milder Hitze weich dünsten. Knoblauch und Paprika untermischen, kurz unter Rühren anbraten.

Mit Gemüsebrühe aufgießen. Zugedeckt 8 Minuten köcheln lassen.

Kürbis und Ingwer untermischen. Suppe noch ca. 8 Minuten weiter köcheln lassen, bis der Kürbis weich ist.

Suppe mit dem Mixstab fein pürieren, mit Salz und Pfeffer abschmecken.

1 große Zwiebel
2 Knoblauchzehen
2 rote Paprikaschoten
600 g Kürbis
10 g Ingwer

Dazu: 1 EL Öl, 900 ml Gemüsebrühe, Salz, Pfeffer

Tipps

Kürbisvielfalt
Die Suppe schmeckt mit Muskat-, Butternuss- und Hokkaidokürbis. Letzterer hat den großen Vorteil, dass er nicht geschält werden muss!

Pro Portion: 267 kcal, 6 g E, 6 g F, 44 g KH, 0 mg Chol

Borschtsch mit Apfel

Für 2 Portionen

1 Zwiebel

200 g Rote Bete

200 g Kartoffeln

200 g Karotten

1 saftiger, säuerlicher Apfel

Dazu: 1 EL Öl,
1,2 l Gemüsebrühe, Salz, Pfeffer

Zwiebel fein hacken. Rote Bete und Kartoffeln in feine Streifen, Karotten in dünne Scheiben und Apfel in kleine Würfel schneiden.

Öl in einem beschichteten Topf erhitzen. Zwiebel darin bei milder Hitze langsam weich und glasig dünsten. Mit Gemüsebrühe aufgießen. Suppe zum Kochen bringen.

Rote Bete, Kartoffeln und Karotten untermischen, zugedeckt ca. 10 Minuten köcheln lassen.

Apfel untermischen. Borschtsch noch 3 Minuten köcheln lassen, mit Salz und Pfeffer abschmecken.

Pro Portion: 282 kcal, 7 g F, 10 g E, 41 g KH, 0 mg Chol

Grüne Suppe mit Kokosmilch

Für 2 Portionen

Kartoffeln in kleine Stücke schneiden. Frühlingszwiebeln in Ringe schneiden.

Petersilienblättchen abzupfen und fein hacken. Petersilienstängel fein schneiden.

1 Stück Zitronenschale (2 cm x 3cm) abschneiden. 2 EL Zitronensaft auspressen.

Gemüsebrühe mit den Kartoffeln zum Kochen bringen und zugedeckt 8 Minuten köcheln lassen.

Frühlingszwiebeln, Zitronenschale und Kokosmilch dazugeben. Suppe 4 Minuten köcheln lassen.

Gehackte Petersilie und ½ EL Zitronensaft unterrühren. Die Suppe mit dem Mixstab fein pürieren. Mit Zitronensaft, Salz und Pfeffer abschmecken.

400 g Kartoffeln
6 Frühlingszwiebeln
1 großer Bund Petersilie
¼ Bio-Zitrone
100 ml Kokosmilch

Dazu: 1,1 l Gemüsebrühe, Salz, Pfeffer

Pro Portion: 218 kcal, 7 g E, 6 g F, 22 g KH, 0 mg Chol

Brokkoli-Lauch-Suppe

Für 2 Portionen

200 g Kartoffeln
1 Bund Petersilie
200 g Lauch
400 g Brokkoli
4 EL Sojasahne

Dazu: 1,2 l Gemüsebrühe,
Salz, Pfeffer

Kartoffeln in kleine Stücke schneiden. Petersilienblättchen abzupfen, Petersilienstängel fein schneiden. Lauch in feine Ringe schneiden. Brokkoli in kleine Röschen teilen.

Gemüsebrühe mit den Kartoffeln und Petersilienstängeln zum Kochen bringen. Zugedeckt 8 Minuten köcheln lassen.

Nun Lauch und Brokkoli dazugeben. Suppe zugedeckt ca. 6 Minuten weiter köcheln lassen.

Petersilienblättchen und Sojasahne unterrühren. Suppe mit Salz und Pfeffer abschmecken.

Süßes

Pro Portion: 238 kcal, 5 g E, 4 g F, 40 g KH, 0 mg Chol

Mango-Himbeer-Mandel-Creme

Für 2 Portionen

1 große Mango
4 getrocknete Softaprikosen
300 g (TK-)Himbeeren
1 Bio-Orange
1 EL Mandelmus

Mango in kleine Stücke schneiden. Aprikosen hacken. Einige Mangostückchen und einige Himbeeren für die Garnitur beseitestellen. Die Schale von ¼ Orange abreiben. Orange auspressen. 50 ml Orangensaft beiseitestellen.

Restlichen Orangensaft, Mango, die Hälfte der Aprikosen und Orangenschale mit dem Mixstab zu einer strahlend gelben Creme pürieren.

Himbeeren, 50 ml Orangensaft, restliche Aprikosen und Mandelmus mit dem Mixstab fein pürieren.

Himbeer-Mandel-Creme und Mangocreme sowie Mangostückchen und restliche Himbeeren getrennt in Gläser verpacken. Kurz vor dem Essen die Himbeercreme auf die Mangocreme geben, mit Mangostückchen und Himbeeren garnieren.

In voller Harmonie
Mandelmus harmoniert mit Himbeeren besonders gut und rundet die Creme geschmacklich ab.
Beeren, die aus der Kälte kommen
Himbeeren, Erdbeeren, Heidelbeeren, Brom- und Johannisbeeren haben starke Basenpower und sind das ganze Jahr tiefgekühlt erhältlich.

Pro Portion: 241 kcal, 3 g E, 10 g F, 37 g KH, 0 mg Chol

Kokosbirnen mit Feigen

Für 2 Portionen

3 große, saftige Birnen
3 getrocknete Feigen
¼ Bio-Zitrone
100 ml Kokosmilch
¼ TL Zimt

Birnen in Spalten schneiden. Feigen in kleine Spalten schneiden. Zitronenschale abreiben, ½ EL Zitronensaft auspressen

Kokosmilch, Feigen, Zitronenschale und 200 ml Wasser in einem kleinen Topf zum Kochen bringen. 5 Minuten zugedeckt köcheln lassen. Zitronensaft untermischen.

Birnen in die Garflüssigkeit geben und zugedeckt ca. 4 Minuten dünsten. Die Birnen sollen weich sein, dürfen aber nicht zerfallen.

Birnen in der Garflüssigkeit etwas abkühlen lassen, in Gläser füllen und kalt stellen.

Pro Portion: 231 kcal, 3 g E, 1 g F, 47 g KH, 0 mg Chol

Mandarinen mit Aprikosensauce und Granatapfel

Für 2 Portionen

Softaprikosen in kleine Stücke schneiden. Ein Stück Zitronenschale (2 cm x 3 cm) abschneiden. Kardamomkapseln aufschneiden. Samen auslösen und im Mörser fein zerstoßen.

In einem kleinen Topf die Softaprikosen mit 100 ml Wasser, Zitronenschale und Kardamom zum Kochen bringen, ca. 5 Minuten köcheln lassen.

2 Mandarinen auspressen. Softaprikosen, Garflüssigkeit, Zitronenschale und Mandarinensaft mit dem Mixstab zu einer glatten Sauce pürieren. Die Sauce abkühlen lassen.

Restliche Mandarinen in kleine Stücke schneiden. Granatapfelkerne auslösen (siehe Tipp S. 73).

Marinierte Mandarinen mit der Aprikosensauce vermischen, in Gläser füllen, mit Granatapfelkernen bestreuen.

5 getrocknete Softaprikosen
¼ Bio-Zitrone
2 Kardamomkapseln
6 Mandarinen
½ Granatapfel

Fruchtig–süß: Speisen mit Zukunft

Süßspeisen ohne Zucker auch für Kinder

Kinder dürfen nicht Basenfasten. Trotzdem können unsere kleinen Feinschmecker die basischen Süßspeisen als Dessert oder Zwischenmahlzeit genießen. Sie bekommen dadurch Appetit auf Natürlich-Süßes, das wirkt der geschmacklichen Fixierung auf die Zuckersüße und dabei meist auf Fettes entgegen. Diese Befreiung der kindlichen Geschmacksknospen ist dringend notwendig. Mittlerweile sind bereits 30 Prozent der Kinder von Übergewicht betroffen, und Diabetes Typ 2, eigentlich eine Alterserkrankung, wird immer häufiger schon im Kindesalter diagnostiziert.
Kinder sind begeisterte Köche. Selbstgekochtes schmeckt ihnen gleich doppelt so gut. Auch die fruchtig-süßen Speisen in diesem Buch sind schnell und einfach zubereitet und gut geeignet für eifrige Nachwuchskochtalente.

Fruchtig-Süßes vielseitig kombinieren

Ausgewogen geht es weiter, die fruchtigen Süßspeisen schmecken auch nach dem Basenfasten. Und das ist gut so. Mit ihrem gewaltigen Basenüberschuss können die fruchtigen Desserts zur Säure-Basen-Balance bei einem Menü mit Fisch, Fleisch oder Käse beitragen. Der süße und trotzdem zuckerfreie Abschluss des Essens ist auch eine Wohltat für den Blutzuckerspiegel und hilft, das Gewicht zu halten. Diese fruchtig-süßen Rezepte regen auch die Kochfantasie an. Nach dem Basenfasten werden Süßspeisen ganz nach persönlichem Appetit auch wieder mit Milchprodukten (bevorzugt den schlanken) und Eiern zubereitet. Werden diese mit reichlich Früchten kombiniert, herrscht auf dem Nachspeisenteller ein Gleichgewicht – optisch, geschmacklich sowie zwischen Säuren und Basen. Schichten Sie z. B. abwechselnd Vanille-Quark-Creme, Nektarinen-Erdbeer-Melonen-Salat und Erdbeersauce in ein Glas. Mus von zweierlei Zwetschken und Apfel (S. 124) schmeckt zu Pfannkuchen und auf das Pfirsich-Cranberry-Gelee mit Heidelbeeren (S. 125) kommt ein Klacks Joghurt-Sahne-Creme.

Trockenfrüchte

Trockenfrüchte stehen ganz oben auf der Hitliste der basenbildenden Lebensmittel. Kein Wunder, durch den Entzug von Wasser enthalten sie hohe Konzentrationen an organisch gebundenen Mineralstoffen. Aber auch der Fruchtgeschmack hat sich durch das Trocknen verdichtet. Optisch eher bescheiden, aber vom Aroma her eine Wucht: Getrocknete Feigen, Datteln, Cranberrys, Zwetschken und Rosinen bringen natürliche Süße und harmonische, ausgeprägte Geschmackskomponenten in die basischen Süßspeisen. Trockenfrüchte sind auch nach dem Basenfasten willkommen, wenn Sie Lust auf eine kleine Nascherei haben.

Wasser und Kräutertees gegen den Durst

Viel Trinken, mindestens 2 Liter pro Tag ist angesagt beim Basenfasten. Stillen Sie den Durst mit Wasser und Kräutertee. Zitronenwasser (ungesüßt) befeuert mit Vitamin C die Fettverbrennung. Auch nach dem Basenfasten sollten Sie Limo- und Colagetränke meiden, sie sind eine Hauptursache von Übergewicht und bedrohen mit Phosphatsäure die Säure-Basen-Balance.

Säureschutz beim Abnehmen

Beim Abbau von Fettpolstern entstehen stark saure Ketonsäuren. Beim Basenfasten kann dieser Säuresturm durch die basenbildenden Naturprodukte wie Gemüse, Früchte, Kräuter und Kartoffeln neutralisiert werden. Im Gegensatz dazu findet bei eiweißlastigen Diäten kein Ausgleich statt, und die Säurelast erhöht sich durch das Abnehmen. Für die Betroffenen bedeutet das: Müdigkeit, blasse Haut und ein erhöhtes Risiko für Infektionen.

Sie wollen nach dem Basenfasten weiter abnehmen

Sie haben Ihr Wunschgewicht noch nicht erreicht und wollen weiter abnehmen? Lassen Sie sich Zeit und bringen Sie sich nicht in den kontraproduktiven Abnehmstress, der da lautet: »Möglichst viel in möglichst kurzer Zeit.«
Legen Sie ein- bis zweimal in der Woche einen Basenfasten-Tag ein*, dann verlieren Sie die Kilos langsam, aber stetig, und ihr Körper kann sich an die Umstellung gewöhnen. Durch den regelmäßigen Genuss der Basenfasten-Rezepte wächst auch der Appetit auf die leichte Küche. Damit erreichen Sie Ihr Wunschgewicht dauerhaft.

Basenfasten und nicht abnehmen – auch das ist möglich

Sie sind mit ihrem Gewicht zufrieden, fühlen sich aber trotzdem nicht wohl und wollen vom Basenfasten-Programm profitieren. Nichts leichter als das! Verwenden Sie einfach mehr Öl oder Pflanzensahne, streuen Sie mehr Nüsschen über die Speisen und essen Sie, soweit Sie das mengenmäßig schaffen, größere Portionen.

---

* In meinem Buch »Vegan 5 : 2«, Kneipp Verlag, finden Sie viele Rezepte und ein Programm für das Abnehmen über einen längeren Zeitraum.

Pro Portion: 159 kcal, 3 g E, 1 g F, 34 g KH, 0 mg Chol

Apfel-Karotten-Creme mit Ingwer

Für 2 Portionen

300 g Karotten
2 Äpfel
5 g Ingwer
2 getrocknete Datteln
½ Bio-Orange

Karotten in dünne Scheiben schneiden. Äpfel in Stücke schneiden. Ingwer fein hacken. Datteln in kleine Stücke schneiden.

Schale von ¼ Orange abreiben. Orange auspressen.

100 ml Wasser in einem kleinen Topf zum Kochen bringen. Karotten darin ca. 6 Minuten köcheln lassen. Die Karotten sollen weich mit Biss und das Wasser fast verdunstet sein.

Äpfel, Ingwer, Datteln und Orangenschale dazugeben. Alles zum Kochen bringen und zugedeckt ca. 6 Minuten dünsten lassen, bis die Äpfel weich sind.

Alles mit dem Mixstab fein pürieren. Apfel-Karotten-Creme in Gläser füllen, abkühlen lassen und kalt stellen

Maßangaben gelten in allen Rezepten für geputztes Gemüse und geputzte Früchte.

Pro Portion: 212 kcal, 13 g E, 6 g F, 24 g KH, 0 mg Chol

Erdbeeren mit Seidentofu und Orangen-Rosinen-Dip

Für 2 Portionen

Erdbeeren in schöne, kleine Stücke schneiden und in Gläser geben, Seidentofu darauf löffeln.

Schale von ¼ Orange abreiben. Orange auspressen. Rosinen fein hacken. Kardamomkapseln aufschneiden. Samen auslösen und im Mörser fein zerstoßen.

Orangenschale, Orangensaft, Rosinen und Kardamom gut verrühren. Den Dip getrennt verpacken und kurz vor dem Essen über Seidentofu und Erdbeeren gießen.

400 g Erdbeeren
200 g Seidentofu
1 Orange
2 EL Rosinen
2 Kardamomkapseln

Süße Gewürze bringen Abwechslung
Den Dipp auch mit gemahlenem
Zimt oder Anis würzen.

Pro Portion: 240 kcal, 5 g E, 1 g F, 48 g KH, 0 mg Chol

Nektarinen–Melonen–Salat mit Erdbeersauce

Für 2 Portionen

300 g Nektarinen
300 g Zuckermelone
200 g Erdbeeren
1 Bio-Orange
3 getrocknete Softaprikosen

Nektarinen in kleine Spalten, Melone und Erdbeeren in kleine Stücke schneiden. Die Schale von ¼ Bio-Orange abreiben. Orange auspressen.

Erdbeeren in kleine Stücke schneiden. Nektarinen, Melone, 50 g Erdbeeren und die Hälfte des Orangensaftes vermischen. Fruchtsalat in Gläser geben.

Die Softaprikosen in sehr kleine Stücke schneiden.

Mit dem Mixstab aus den restlichen Erdbeeren, Softaprikosen, dem restlichen Orangensaft und der Orangenschale eine glatte Sauce mixen.

Die Fruchtsauce getrennt in Gläser verpacken und erst kurz vor dem Essen über den Fruchtsalat gießen.

Sommer im Glas – Abwechslung pur
Bereiten Sie diesen fruchtigen Erfrischungssalat auch mit saftigen Pfirsichen und Aprikosen zu und verarbeiten Sie für die Sauce auch aromatische Himbeeren.

Pro Portion: 190 kcal, 2 g E, 1 g F, 40 g KH, 0 mg Chol

Bratapfelcreme mit Erdbeersauce

Für 2 Portionen

3 saftige Äpfel
1 Bio-Orange
¼ TL gemahlener Zimt
200 g (TK-)Erdbeeren
2 TL Rosinen

Backofen auf 180 °C vorheizen. Kerngehäuse der Äpfel ausstechen.

Ein kleines Backblech mit Backpapier belegen. Äpfel nebeneinander darauf setzen. Äpfel im vorgeheizten Ofen 20 Minuten braten.

Von einer ¼ Orange die Schale abreiben. Orange auspressen.

Fruchtfleisch des Apfels aus der Schale lösen und in Stücke schneiden. Mit dem Mixstab Äpfel, Orangenschale, die Hälfte des Orangensafts und Zimt fein pürieren. Bratapfelcreme in Gläser füllen.

Erdbeeren in Stücke schneiden. Rosinen hacken. Mit dem Mixstab Erdbeeren, Rosinen und restlichen Orangensaft zu einer Sauce pürieren. Erdbeersauce auf die Bratapfelcreme gießen – oder getrennt verpacken.

Pro Portion: 192 kcal, 6 g E, 5 g F, 29 g KH, 0 mg Chol

Rote Grütze
mit Zimtcreme

Für 2 Portionen

400 g tiefgekühlte Beerenmischung
3 EL Rosinen
½ TL gemahlener Zimt
2 gestrichene TL Kartoffelstärke
200 g Sojajoghurt

Beeren auftauen lassen. Rosinen fein hacken.

200 ml Wasser mit der Hälfte der Rosinen und ¼ TL Zimt aufkochen und 5 Minuten köcheln lassen.

Kartoffelstärke mit 2 EL kaltem Wasser glatt rühren und mit dem Schneebesen in das Rosinen-Zimt-Wasser rühren. Die Würzflüssigkeit einen Moment unter Rühren köcheln lassen.

Nun die Beerenmischung untermischen. Rote Grütze einen Moment unter Rühren köcheln lassen, sofort vom Herd nehmen und etwas abkühlen lassen. Rote Grütze in Gläser füllen, kalt stellen und ganz abkühlen lassen.

Sojajoghurt mit den restlichen gehackten Rosinen und dem restlichen Zimt vermischen. In Gläser verpacken und kurz vor dem Essen auf die Rote Grütze geben.

Neue Joghurt-Produkte aus Pflanzenmilch

Die Zimtcreme schmeckt auch mit zuckerfreiem Kokos-, Hafer- und Mandeljoghurt. Zur Abwechslung wird das cremige Topping auch mit Kardamom und einem Hauch Muskat gewürzt.

Pro Portion: 227 kcal, 3 g E, 1 g F, 46 g KH, 0 mg Chol

Ananas mit Schoko-Bananen-Creme

Für 2 Portionen

400 g Ananas
Saft von ½ Bio-Orange
1 Banane
1 TL Kakaopulver
¼ TL gemahlener Zimt

Ananas in kleine Stücke schneiden. Ananas und Orangensaft vermischen, in Gläser füllen.

Banane in kleine Stücke schneiden. Banane, Kakaopulver und Zimt mit dem Mixstab fein pürieren.

Die Schoko-Bananen-Creme extra verpacken und erst kurz vor dem Essen auf die marinierten Ananas geben.

Schoko liebt Früchte
Diese Creme schmeckt auch zu Beeren, Melonen, Mango, Kirschen und Zitrusfrüchten.

Pro Portion: 187 kcal, 2 g E, 1 g F, 40 g KH, 0 mg Chol

Mus von zweierlei Zwetschken und Apfel

Für 2 Portionen

3 getrocknete Zwetschken
¼ Bio–Zitrone
2 saftige, säuerliche Äpfel
300 g Zwetschken
¼ TL gemahlener Zimt

Getrocknete Zwetschken klein würfeln.
1 Stück Zitronenschale (2 cm x 3 cm) dünn abschneiden. 1 EL Zitronensaft auspressen.

100 ml Wasser mit getrockneten Zwetschken, Zitronenschale und Zimt zum Kochen bringen, zugedeckt 5 Minuten köcheln lassen. ½ EL Zitronensaft untermischen.

Äpfel und Zwetschken in kleine Stücke schneiden und mit dem Sud der Trockenzwetschken vermischen. Alles zugedeckt ca. 5 Minuten köcheln lassen und mit dem Mixstab fein pürieren.

Zwetschken-Apfel-Mus mit Zitronensaft abschmecken. Danach in Gläser füllen, etwas abkühlen lassen und kalt stellen.

Quitten willkommen!
Statt mit Äpfeln kann man dieses Fruchtmus auch mit Quitten zubereiten. Die duftenden Früchte haben allerdings eine etwas längere Garzeit als Äpfel und benötigen eventuell etwas mehr Garflüssigkeit.

Pro Portion: 175 kcal, 3 g E, 1 g F, 35 g KH, 0 mg Chol

Pfirsich–Cranberry–Gelee mit Heidelbeeren

Für 2 Portionen

Pfirsiche kurz in kochendes Wasser legen, abgießen, abtropfen lassen. Fruchtfleisch in Stücke schneiden.

Von ¼ Orange die Schale abreiben. Orange auspressen. Canberrys hacken.

Pfirsiche, Orangenschale, Orangensaft und Cranberrys mit dem Mixstab fein pürieren und in einen kleinen Topf geben.

Agar Agar mit 3 EL kaltem Wasser glatt rühren, zum Pfirsichpüree geben und alles glatt rühren.

Pfirsichpüree unter Rühren zum Kochen bringen und unter Rühren 1 Minute köcheln lassen. Danach in Gläser füllen, etwas abkühlen lassen und zum Festwerden kalt stellen.

Heidelbeeren auf das Pfirsich-Cranberry-Gelee geben.

400 g reife Pfirsiche
1 Orange
2 EL getrocknete Cranberrys
1 gestrichener TL Agar Agar
200 g Heidelbeeren

Einkaufsliste für
5-Tage-Programm Nr.1

Zutaten für Hauptgerichte:
Suppen und Salate

1 großer Blumenkohl
1,5 kg Karotten
600 g Lauch
600 g Kohlrabi
400 g Pastinaken
800 g Muskatkürbis
600 g kleine Champignons
500 g Rote Bete
200 g grüne Bohnen
   (auch tiefgekühlt)
1 Gurke
1 Avocado

250 g Kirschtomaten
6 Radieschen
2 kg festkochende Kartoffeln
600 g Zwiebeln
6 Frühlingszwiebeln
200 g Spinat
1 großer Endiviensalat
150 g Feldsalat
2 große Chicoree
3 Bund Petersilie
1 kleiner Bund frische Minze
1 Ananas

2 Bio-Zitronen
1 Bio-Orange
150 g Räuchertofu
1 kleine Dose geschälte Tomaten
1 l ungesüßter Mandeldrink
1 l ungesüßter Sojadrink
   (oder Mandel-
   oder Haferdrink)
50 ml Kokosmilch

Das sollten Sie zu Hause haben

Olivenöl, Öl (Raps- oder Sonnenblumenöl), Apfelessig,
Instant Gemüsebrühe, Rosinen, Salz, Pfeffer

Die Mengenangaben in den Rezepten gelten immer für das
geputzt gewogene Gemüse. In der Einkaufsliste wird dies
berücksichtigt. Die Mengen sind nicht zu knapp berechnet,
so bleibt auch etwas übrig für die Restesuppe am 5. Tag und
einiges an Gemüse für die kleinen Fastensalate. Die Zutaten
für das Frühstück sind in dieser Einkaufsliste nicht enthalten.

Einkaufsliste für
5-Tage-Programm Nr. 2

Zutaten für Hauptgerichte:
Suppen und Salate

2,5 kg festkochende Kartoffeln
400 g Zucchini
400 g Rote Bete
300 g Sellerie
400 g Pastinaken
1 kleiner Blumenkohl
400 g grüne Bohnen
   (auch tiefgekühlt)
400 g Tomaten
500 g Kräuterseitlinge
   (Austernpilze oder
   Champignons)

300 g Lauch
500 g Brokkoli
400 g Karotten
4 rote Paprikaschoten
1 Gurke
200 g Petersilienwurzel
700 g Zwiebeln
1 Knoblauchknolle
2 Bund Petersilie
150 g Feldsalat
300 g Rucola
1 Kopfsalat

1 kleiner Bund Dill
1 Bund Basilikum
1 kleiner Bund Minze
2 Bio-Zitronen
2 Mandarinen
300 g blaue Trauben
50 ml Soja-, Reis
   oder Hafersahne
   oder Kokosmilch

Das sollten Sie zu Hause haben

Olivenöl, Öl (Raps- oder Sonnenblumenöl) , Apfelessig,
Instant Gemüsebrühe, Rosinen, Salz, Pfeffer

Die Mengenangaben in den Rezepten gelten immer für das
geputzt gewogene Gemüse. In der Einkaufsliste wird dies
berücksichtigt. Die Mengen sind nicht zu knapp berechnet,
so bleibt auch etwas übrig für die Restesuppe am 5. Tag und
einiges an Gemüse für die kleinen Fastensalate. Die Zutaten
für das Frühstück sind in dieser Einkaufsliste nicht enthalten.

Rezepte

Gut essen, satt werden und dabei den Körper entschlacken, den Säure-Basen-Haushalt harmonisch ausgleichen, abnehmen und sich wohlfühlen – so funktioniert und wirkt das Basenfasten von Bestsellerautorin Elisabeth Fischer. Sie zeigt, wie wichtig es für unsere Gesundheit ist, auf eine ausgeglichene Säure-Basen-Balance zu achten.

Eine bewusste Auswahl pflanzlicher Lebensmittel gleicht eine latente Übersäuerung aus und steigert die Fettverbrennung. Viele Gerichte – pfiffig, raffiniert, überraschend einfach gekocht – wecken den Appetit auf eine dauerhafte Änderung der Essgewohnheiten, verhindern den Jo-Jo-Effekt – und sorgen binnen einer Woche für zwei bis vier Kilo weniger auf der Waage.

Elisabeth Fischer
Heilsames Basenfasten
120 Rezepte für Einsteiger
132 Seiten, farbig, Klappenbroschur
ISBN 978-3-7088-0696-9
EUR 14,90

Ein weiterer Bestseller von Elisabeth Fischer erscheint nun als Sonderausgabe, diesmal speziell für Berufstätige. Im Alltag bleibt nämlich wenig Zeit zum Einkaufen und Kochen. Wie man das Säure-Basen-Gleichgewicht im Körper trotzdem wiederherstellen und dabei sogar abnehmen kann, zeigt dieses Buch. Die erprobten Rezepte sind aus gängigen Zutaten schnell und einfach zubereitet. Die pfiffigen Gerichte lassen sich vielseitig kombinieren und sind zum Vorkochen, Einpacken und Aufwärmen geeignet. Und: Sie schmecken gut!

Elisabeth Fischer
Heilsames Basenfasten im Job
120 Genussrezepte zum Abnehmen
Mit Wochenplänen und Einkaufslisten
132 Seiten, farbig, Klappenbroschur
ISBN 978-3-7088-0669-3
EUR 14,99

Will man mit veganem Essen abnehmen, reicht der reine Verzicht auf Fleisch, Fisch, Milchprodukte und Eier nicht aus. Denn das ungeliebte „Hüftgold" steckt vor allem in Zucker, Fett und ausgemahlenem Getreide, allen voran Weizen.

Elisabeth Fischer zeigt in ihrem Kochbuch, wie veganes Fasten gelingen kann, wie man mit Genuss abnimmt, dabei sogar satt wird und neue Energie gewinnt. Ihre erprobten Rezepte sind nicht nur kalorienarm, cholesterinfrei und natürlich vegan, sondern auch basenbildend. Und genau diese Basen sind es, die beim Abnehmen helfen, denn sie neutralisieren die Säuren, die der Körper beim Fettabbau freisetzt. Beim veganen Fasten entdeckt man neue Gaumenfreuden.

Elisabeth Fischer
Vegan fasten
Das 14-Tage-Abnehmprogramm
mit 120 genussvollen Basenrezepten
132 Seiten, farbig, Hardcover
ISBN 978-3-7088-0617-4
EUR 17,99

Zwei Erfolgskonzepte in einem Buch vereint: die 5:2-Diät und Vegan fasten. Mit dieser starken Kombination nimmt man garantiert ab und hält das Gewicht dauerhaft. Weitere positive Wirkung: Fünf Tage vollwertig vegan genießen und zwei Tage basisch vegan fasten aktiviert Anti-Aging-Prozesse im Organismus und fördert die Gesundheit nachhaltig!

Vegan 5:2 ist die langfristige Lösung für alle, die mit ihrem Gewicht unzufrieden sind. Dieses Programm lässt sich gut mit dem Alltag vereinbaren und erfordert keinen anstrengenden Verzicht. Zwei Vegan-fasten-Tage kann jeder durchhalten, auch weil Elisabeth Fischer dafür neue basische Fastenrezepte entwickelt hat.

Elisabeth Fischer
Vegan 5:2
5 Tage vegan genießen – 2 Tage vegan fasten
Gesund abnehmen ohne Verzicht
132 Seiten, farbig, Hardcover
ISBN 978-3-7088-0668-6
EUR 17,99